AF185182

Dagmar Falarzik

Wem die Amsel ein Lied schenkt

Was ist Schamanisieren?

Wie funktioniert Schamanisieren?

Und warum interessieren wir uns plötzlich dafür?

Umschlag: Foto Pixabay

Verlag: tredition GmbH, Halenreie 40-44, 22359 Hamburg

ISBN
Paperback   978-3-7482-5969-5
Hardcover   978-3-7482-5970-1
e-book   978-3-7482-5971-8

Die in der Schweiz ansässige Autorin verwendet nach der Schweizer Rechtschreibung kein Eszett, sondern das doppelte ss.

Inhalt

Einleitung 5

1 Was ist Schamanisieren 11

2 Wahrnehmungs- und Kommunikationswege beim
Schamanisieren 67

3 Schamane werden einst und jetzt 105

4 Schamane werden im New-Age-Schamanismus 140

5 Einige Fallstricke jeglichen Schamansierens 160

6 Schluss 174

Einleitung

Mein Interesse für das Schamanisieren[1] gründet in meiner Lebensgeschichte.

Meine Eltern hatten eine Galerie für zeitgenössische Kunst und ich wuchs mit informeller Malerei auf. Diese Kunstrichtung der 1950er und frühen 1960er Jahre ist total abstrakt, oder wie die Leute sagten: „Da kann man ja gar nichts drauf erkennen".

Durch meine Eltern lernte ich, dass etwas, das man nicht erkennen kann, einen hohen ideellen (und mitunter auch monetären) Wert hat. Abstrakt war das Nonplusultra.

Während meiner zahlreichen Kinderkrankheiten hörte ich viel Radio. Nach dem Schulfunk folgte klassische Musik. Die klassische Musik war ebenfalls total abstrakt, ich hörte nur Geräusche und Bewegungen. Ich war altersbedingt noch nicht in der Lage, dem Gehörten irgendeinen Sinn oder eine Form geben zu können. Deshalb war für mich keine Differenzierung und somit kein Genuss im herkömmlichen Sinn

---

[1] Gebräuchlicher ist der Begriff „Schamanismus", den ich aber nicht gerne verwende, bezeichnet „...ismus" doch im Allgemeinen ein Ideengebäude der Werte, wie zum Beispiel „Kommunismus", „Kapitalismus", Rassismus". Der „Schamanismus" ist aber kein Wertesystem, wenn auch Werte in traditionell schamanischen Kulturen eine Rolle spielen. Das Verb „schamanisieren" und seine Substantivierung „das Schamanisieren" verleiht der prozesshaften Natur des „Schamanismus" Ausdruck. Ein älterer Begriff lautet „Schamanentum". Dieser Begriff erscheint mir, wenn auch ebenso statisch, wie „Schamanismus" besser geeignet, die unterschiedlichen Formen der Tätigkeiten von Schamanen zu subsummieren, weil er eher eine formelle Einheit (Königtum, Eigentum) als eine Ideologie (Kommunismus, Rassismus) bezeichnet. Ich überlegte, ob ich den Begriff des „Schamanens" mit dem Verb „schamanen" (er/sie schamant) von Galsang Tschinag und Amelie Schenk übernehme. Letztlich habe ich mich dagegen entschieden und bin bei „schamanisieren" geblieben, weil mir dieser Ausdruck zwar weniger poetisch, dafür aber auch weniger gewöhnungsbedürftig erscheint. In der folge gebrauche ich alle drei Begriffe: Schamanasieren, Schamanentum und Schamanismus.

möglich. Das war aber egal, denn die Geräusche im Radio hörten sich so an, wie die Bilder an der Wand aussahen.

Obwohl meine Eltern mir dieses Sehen und Hören auf anderen Ebenen vermittelten, waren sie nicht in der Lage, ab und zu auftretende Mitbewohner wahrzunehmen.

Etwa ab dem vierten Lebensjahr wunderte ich mich, wie es zu solchen Fehlinterpretationen der Welt durch Erwachsene kommen konnte. Meine Mutter behauptete, die Geräusche, die ich nachts gehört hatte, hätte ich geträumt. Sie sagte, dass nichts und niemand mit uns in unserem Wohnzimmer wohnen würde.

Ich lernte solche Wahrnehmungen nicht mehr anzusprechen. Durch diese zwei oder drei Weltsichten bewegte ich mich in einer Double Bind Situation und wurde etwas schrullig.

Die Schule empfand ich als Zwang und als sinnlos. Ich wurde gezwungen, Dinge zu lernen, die weder Erklärungen für kleine Wesen im Wald und in unserem Wohnzimmer lieferten, noch erklären konnten oder wollten, warum dieses abstrakte Bild qualitativ minderwertig, jenes aber genial war. Kunstkenner und deren Kinder entwickeln einen Instinkt, der weiss, wann ein Werk „stimmt". Dieses untrügliche Gefühl ist nicht verbal vermittelbar, sondern entsteht durch betrachten und wachsen, wodurch sich eine Öffnung in weitere Räume vollzieht. Was die schulische Wissensvermittlung anging, hatten die zu lernenden Inhalte nichts mit meiner Lebenswirklichkeit und den Werten meiner Familie zu tun.

Mein Gefühl der eigenen Fremdartigkeit glich sich in der Pubertät aus. Da lernte ich Gleichaltrige kennen, die auch alle Anderen als unsensibel und völlig auf dem falschen Dampfer empfanden. Wir rudelten uns zusammen (Späthippies) und kifften.

Im Alter von 17 Jahren nahm ich zum ersten Mal LSD. Das änderte mein Leben schlagartig. Es fiel mir wie Schuppen von den Augen. Diese angebliche Realität, die man mir bisher hatte verkaufen wollen, war nicht alles. Ich hatte mich schon immer betrogen gefühlt und jetzt wusste ich warum. Hinter der Alltagswelt lag noch viel mehr. Aber das schien niemanden zu interessieren. Vielmehr wurde diese Entdeckung der vollen Realität abgelehnt, pathologisiert und angstbesetzt als Abstieg ins geistige und physische Elend gebrandmarkt.

Nach mehreren Forschungsreisen in den LSD-Geist wurde die Sache langsam unheimlich. Eine andere Realität hatte sich angenähert und schien nun auf irgendeine Reaktion oder Aktion meinerseits zu warten und ich hatte keine Ahnung, was da von mir erwartet wurde. Deshalb stellte ich die Selbstversuche ein.

Genau zu dem Zeitpunkt tauchten die Bücher von Carlos Castaneda in meinem Leben auf. Band eins und zwei waren bis dato erschienen[2]. Ich hatte mein zweites Aha-Erlebnis. Jetzt wollte ich zu den Indianern reisen und mir auch so einen Zauberer in Mexico suchen. Im Norden hatten die ja Medizinmänner. Vielleicht war das dasselbe?

Ich musste mein unstrukturiertes kurzes Leben reorganisieren. Ich musste die Möglichkeit bekommen, nach Amerika zu gehen. Die Vorbereitung und das Sparen dauerten drei Jahre.

---

[2] CASTANEDA, Carlos 1968, 1971

1976/77 unternahm ich eine Rucksackreise mit wenig Geld zu US-Reservaten und Indigenen Völkern in Mexico. So besuchte ich auch das erste mal die Rosebud Indian Reservation in Süd Dakota. Sie ist die Heimat der Sićanġu Lakota, die in der Literatur auch als Brulé Sioux bezeichnet werden. Ich möchte an dieser Stelle nicht näher auf die Geschichte und Kultur des Volkes der Lakota und ihrer verbündeten und verwandten Völker den Dakota und Nakota mit ihren vielen Stämmen, von denen die Sićanġu einer ist, eingehen.
Darüber haben kompetentere Leute Bücher geschrieben.

Nachdem ich sechs Monate durch die USA, Mexiko und Guatemala gereist war, hatte ich herausgefunden, dass es tatsächlich solche Heiler, Zauberer, Medizinleute gab. Ich hatte auch begriffen, dass es mit Ferienaufenthalten bei diesen Spezialisten nicht getan war. Ich musste es schaffen, dort leben zu können.

Wieder zurück in Deutschland, organisierte ich mein Leben auf dieses Ziel hin. Das dauerte fünf Jahre. Dann hatte ich es geschafft und reiste erneut, diesmal mit einem Job und etwas spärlichem Gehalt in die Rosebud Indian Reservation.

In den insgesamt siebeneinhalb Jahren, die ich dort lebte, nahm ich an verschiedenen Zeremonien mehrerer, aber vor allen von zwei Medizinmännern teil, stellte viele Fragen und hatte weitere Lehrer. Die Namen dieser Männer und Frauen nenne ich aus Respekt nicht. Hierbei halte ich mich an die Vorgabe meines Lehrers an der Sinté Gleśka University Albert White Hat[3]. Meine Lehrer ausserhalb dieser Institution und die beiden Medizinmänner sind verstorben. Ich kann sie nicht mehr fragen, ob ihnen die Nennung ihrer Namen recht wäre.

---

[3] WHITE HAT, Albert/ CUNNINGHAM, John 2012

Während meiner Zeit im Reservat hatte ich das Glück, trotz erheblicher Unbedarftheit, Förderer und Lehrer zu finden, und an allen zu jener Zeit praktizierten Zeremonien und Ritualen teilnehmen zu dürfen.

So sah ich erstaunliche Dinge und wiederholt Heilungen durch die Tätigkeit der Medizinmänner.

Ausser passiver Beteiligung an Schwitzhütten und Heilungszeremonien ging ich neunmal auf Visionssuche. Das hatten die Geister so vorgegeben und ich war folgsam. Viermal nahm ich aktiv an Sonnentänzen teil. Danach war meine „Ausbildung" vorerst beendet. Eine Ausbildung gibt es freilich bei den Lakota nicht, einen spirituellen Lehrer, alla Don Juan auch nicht und auch keine Initiation oder Einweihung in irgendetwas.

Auf der Oberfläche meines bewussten Erlebens nahm ich mich als ziemlich beschränkt und schwer von Begriff war. Des Öfteren übermannten mich „Blödheitsanfälle". Dass Castaneda ähnliche Verwirrtheitszustände beschrieben hatte, tröstete mich. Heute interpretiere ich diese Zustände als Momente starker Dekonstruktion.

Das Wesentliche vollzog sich tief unter der Oberfläche. Die Visionssuchen waren Stationen in einem fortlaufenden Prozess. Etwaige Visionen oder paranormale Erlebnisse waren dabei nicht das Wesentliche, sondern eher aufmunternde Bestätigungen, dass ich weitermachen sollte. Ich habe im Nachhinein das Gefühl, dass in den insgesamt zwölf Jahren, in denen ich neun Visionssuchen und vier Sonnentänze absolvierte, tief unten in einem inneren Keller die Möbel umgerückt wurden.

Das war das wirkliche Lernen. Und das ist nicht kommunizierbar. Deshalb gibt es auch keine Geheimnisse, die Eingeweihten mitgeteilt werden können. Es gibt keinen Ausbildungsgrad, der erreicht werden kann. Denn Zeitpunkte und Abschnitte, die man erreichen kann, existieren nur in der Raumzeitwelt und nicht im ewig fliessenden, nicht greifbaren und nicht verbal vermittelbaren Geist.

Um meinen Erfahrungen in der europäischen Kultur einen Rahmen zu geben, studierte ich Ethnologie. Auch hoffte ich, durch das Studium weitere Erkenntnisse über das Schamanisieren erlangen zu können. Diese Hoffnung erfüllte sich zwar nicht, aber geschadet hat das Studium auch nicht.

Da eine Karriere in der Ethnologie ausblieb, musste ich anderweitig meinen Lebensunterhalt verdienen. Die nie unterbrochene Beschäftigung mit dem Schamanisieren wurde zu meinem „Hobby", oder anders gesagt, blieb mein Lebensinhalt.

In den vierzig Jahren, in denen ich meiner Leidenschaft frönte, entwickelte sich ein breites Interesse am Schamanisieren in der „westlichen" Welt. Auch entstanden in der New-Age-Kultur neue Ansichten und Interpretationen darüber, was ein Schamane sei und wie schamanische Techniken aussehen.

Diese vielschichtigen und divergierenden Postulate erweckten in mir das Bedürfnis, dieses Buch zu schreiben. Es möchte den, am Schamanisieren interessierten Lesern eine Orientierungshilfe sein.

Was ist Schamanisieren?

Als Erstes wird die Frage nach der Funktionsweise des Schamanisierens erörtert, wie sie ähnlich in der traditionellen Ethnologie und Religionswissenschaft, die den Begriff Schamanismus bevorzugen, gestellt wurde.

Die Prämisse dieser Wissenschaften war dabei, dass das Erzielen von Wirkungen durch Kontakt mit etwas Anderem, das eine geistige Wirkmächtigkeit darstellt, entweder nicht existiert, oder dass darüber nicht nachgedacht, spekuliert und geforscht werden kann, da das wirkmächtige Andere nicht empirisch nachgewiesen werden kann. Deshalb fanden die Geistes- und Sozialwissenschaften die Funktion des Schamanismus vor allem in seinen nachweisbaren Nebenwirkungen. Die rituelle Tätigkeit der Schamanen dienten dem Erhalt des Gemeinschaftsgefühls, der Angstreduktion von Individuen und der Gruppe, dem Erhalt hierarchischer Strukturen, der sozialen Kontrolle und der Genesung Kranker durch die Mobilisierung selbstheilender Kräfte auf Grund des Placebo-Effektes.

Meine Prämisse dagegen ist, dass schamanische Techniken den Ist-Zustand des Seins durch Kontakte mit einem wirkmächtigen Anderem verändern können. Dieses Andere verstehe ich als Black Box, einen Ort, in den man nicht hineinsehen kann. Die Wirkungen des Anderen können beobachtet werden aber nicht das Andere an sich. Von den Wirkungen kann auf das Andere geschlossen werden.

Aber wie funktioniert es? Ich versuche diese Frage durch Modelle unserer nicht-schamanischen Kultur[4] zu beantworten. Das ist zugegebenermaßen so, als wolle man Äpfel durch Kartoffeln (Erdäpfel) erklären, also schwierig aber nicht aussichtslos.

Wenn ich die Physik, die Psychoanalyse oder die Kunst in Beziehung zum Schamanisieren setze, sind das Annäherungen, die wie Planeten eine Sonne umkreisen. Sie stehen in Kontakt mit ihrem Stern und durch sie kann viel über ihn in Erfahrung gebracht werden, sie werden aber niemals Sonne sein.

Was bringt diese Annäherung an den Schamanismus?
Zum einen erscheint mir eine mögliche Erweiterung unseres Denkens, eine Erweiterung unseres eigenen Horizontes ein erstrebenswertes Ziel. Zum anderen verhilft uns die Auseinandersetzung mit schamanischen Kulturen zu einer Wertschätzung der Menschen anderer Kulturen. Die Leistungen unserer wissenschaftlich-positivistischen Weltsicht werden durch einen neuen Blickwinkel in ein Verhältnis zu den Leistungen sogenannter „Steinzeit-Kulturen" gesetzt, denen bisher jedwede Gleichwertigkeit, wenn nicht gar Überlegenheit in einigen Gebieten gegenüber unserer Kultur abgesprochen worden ist. Aber wir beginnen jetzt schon, die Verluste zu beklagen, die die Messbarmachung der Welt mit sich gebracht hat. Schamanisieren ist nicht messbar. Schamanisieren vollzieht sich in nicht quantifizierbaren nicht-stofflichen Räumen. Und dort haben es die wenig technologisierten Kulturen weit gebracht. Sie sind uns überlegen.

Der Begriff Schamane stammt aus dem Osten Sibiriens und soll tungusischen (Ewenken) Ursprungs sein und „erhitzen, verbrennen" be-

---

[4] Die Einteilung in „schamanische Kultur" und „nicht-schamanische Kultur" will die jeweiligen Kulturen nicht auf das Vorhandensein schamanischer Elemente reduzieren. Die Vereinfachung dient nur einem besseren Verständnis.

deuten oder auf die ältere indo-europäische Wurzelbedeutung von „wissen" zurückgehen[5]. Dies sind gängige Übersetzungen aber nicht die einzigen, die man heute in der Literatur finden kann. Nach einer engeren, älteren Definition ist Schamanismus nur im sibirischen Kulturkreis und vielleicht noch in Zentralasien zu finden. Alle anderen spirituellen Dienstleister sind Medizinleute, Priester, Orakelnehmer oder Betrüger.

Der Religionswissenschaftler Mircea Eliade sah in seiner wichtigen Arbeit: „Schamanismus und archaische Ekstasetechnik" (1951) Trance oder Ekstase als maßgebendes Element des Schamanisierens. Damit weitete er den Schamanismusbegriff auf alle Kontinente aus. Denn nach Eliade sind alle, die in Trance spirituelle Dienstleistung erbringen, Schamanen, egal wo auf der Welt. Die anderen spirituellen Dienstleister, die nicht in Trance gehen, sind Priester, Orakelnehmer oder Betrüger[6]. Trance und/oder Ekstase waren lange nicht klar definierte Begriffe. Heute bezeichnet man diese Zustände als „paradoxal arrousal" oder „entspannte Hochspannung", die auch auf Grund veränderter Hirnwellen gemessen werden können[7].

Im Großen und Ganzen wird Eliades Definition, nach der Schamanen in Ekstase oder Trance arbeiten, immer noch als aktuell erachtet. Es gibt aber auch Kritik an einer Definition, die ausschließlich Trance oder Ekstase als Kriterium gelten lässt. Nicht alle Dienstleister die in Trance arbeiten, können als Schamanen bezeichnet werden. Ich denke hier besonders an die (echten) Geistchirurgen auf den Philippinen und in Brasilien, wie z.B. Edson Queiroz.

[5] RIPINSKY-NAXON, Michael 1993
[6] ELIADE, Mircea 1980
[7] GUTTMANN, Giselher in NAUWALD, Nana/GOODMAN, Felicitas 2004

Die weit verbreitete Verwendung von psychotropen Drogen beim Schamanisieren spricht zwar auch für einen veränderten Bewusstseinszustand, wie er ähnlich in Trance und Ekstase auftritt, aber beide Bewusstseinszustände sind nicht identisch.

Bei Schamanen und Medizinmännern und -frauen des nordamerikanischen Kontinents ist Trance nicht immer sichtbar, da sie ein innerer Zustand ist und dort nur in leichter Form auftritt. Trance reicht von einem Minimum, dass man kaum bei sich selber wahrnimmt, bis zu einem Maximum, in der der Befallene bewusstlos ist. Will man nicht die Gehirnwellen des Schamanen oder Praktizierenden in Aktion messen, kann in vielen Fällen kaum eine sichere Aussage über Trance oder Nicht-Trance gemacht werden[8].

Nach dem Einbruch und der Anpassung schamanischer und spiritueller Denkweisen, Techniken und Praktiken seit den späten 60er Jahren in das „weisse" Bewusstsein hat sich die Definition, was ein Schamane ist, noch mehr erweitert und ist zur Zeit sehr schwammig.

Ein weiterer heute gebräuchlicher Begriff ist „shamanic practitioner". Er stammt aus der sogenannten Esoterischen Szene und dient als (Selbst-) Bezeichnung von Menschen, die schamanisch inspirierte Techniken auf unterschiedlichsten Niveaus anwenden.

Da dieser Begriff inzwischen vor allem auf weit vom ursprünglichen Schamanisieren abweichende Techniken angewendet wird, ist er wenig aussagekräftig.

Deshalb möchte ich hier eine eigene Definition geben:
Schamanen sind Dienstleister. Es handelt sich um Frauen und Männer, die in einer schamanischen Kultur groß geworden sind. Schamanen sind Menschen, die zum Schamanisieren berufen worden sind. Es können eine besondere Begabung, eine besondere Herkunft oder beson-

---

[8] NAUWALD, Nana/GOODMAN, Felicitas 2004

dere Zeichen, meist beim Neugeborenen dazukommen. Nach einer kulturspezifischen Ausbildung sorgen Schamanen für das Wohl ihrer Gruppe. Dies tun sie durch Kontakt zu dem Anderen. Das Andere ist nicht jedem im vollen Umfang zugänglich. Es ist nicht materiell, sondern geistig = spirituell. Wenn man es nutzen kann, ist es sehr wirksam, da es mächtig ist.

Schamanen sind Menschen, die Dienstleistungen erbringen durch ihre Fähigkeit und Ausbildung im Umgang mit den Kräften und Mächten des Anderen. In schamanischen Kulturen ist das Andere in der Regel der Ort der Geister.

Schamanisieren als Heilkunst

In den Jahren 1976 bis etwa 2006 wurde der spirituelle Weg der Sićaŋǧu Lakota mein Ausbildungsweg. Als ich 1981 mein Projekt für eine Ausstellung über Lakota Medizinmänner und Zeremonien[9] einigen Dozenten des Sinté Gleśka Colleges (heute Sinté Gleśka University)

[9] Verschiedene Begriffe werden verwendet, um das zu beschreiben, was Schamanen tun, wenn sie in Aktion treten. Aus dem Spiritismus des 19. Jahrhundert stammt der Begriff „Sceance" (französisch für Sitzung). Der Begriff der Sceance ist veraltet. Gänzlich außer Gebrauch gekommen ist der verwandte Begriff der „Geisterbeschwörung". In der englischsprachigen Literatur sind noch ab und zu die Begriffe „conjuring" und „conjurer" zu finden. Aus der Religionswissenschaft/Theologie stammt der Begriff „Ritual". Laut Definition bezeichnet aber ein Ritual einen standardisierten Prozess, der immer nach der gleichen Handlungsfolge abläuft. Aber dies ist kein (zwingendes) Merkmal schamanischer Sitzungen. „Schamanische Sitzung" vermittelt den Eindruck, dass Schamanisieren im Sitzen geschieht. Für die Heilungszeremonien der Lakota Medizinleute trifft dies zu. Aber für sibirische oder koreanische Schamanen trifft das eben nicht zu. Schamanisches Geschehen als „Ritus" zu bezeichnen verfehlt das Ziel gänzlich. Der Begriff Ritus beschreibt eine komplexe statische Form, bestehend aus Ritualen. Inhaltsneutrale Begriffe sind „schamanische Sitzung" und der von mir bevorzugte Begriff der „Performance". Der Begriff der Performance ist dynamisch und beschreibt das Geschehen als Durchformung, also als ein Geschehen, das etwas eine Form gibt und im Verlauf eines Prozesses diese Form durch Bearbeitung zu einem Resultat führt. Ich verwende aber häufig den Begriff „Zeremonie" der laut Definition auch falsch ist. Eine Zeremonie beschreibt einen festgelegten profanen Ablauf, der einem Geschehen eine würdevolle Form verleihen soll. Ich übernehme diesen Begriff von den Lakota-Sioux, die die „Sitzungen" ihrer Medizinleute als „ceremonies" bezeichnen. Von dieser emischen Bedeutung gelangte der Begriff ceremony/Zeremonie in den „weissen" Sprachgebrauch.

vorstellte, schloss ich die Darstellung mit der Bemerkung, dass ich „diese Dinge" selber erlernen wollte. Ein älterer Herr, Lakota und Mitbegründer des Colleges fragte mich daraufhin, was genau ich denn lernen wolle. Spontan sagte ich: „Wenn ich das so genau wüsste, wäre ich vielleicht nicht gekommen." Das war die beste Antwort meines Lebens.

Die Praxis sah mich viel vor Zeremonial- und Schwitzhütten herumsitzen und Fragen stellten. Selten bekam ich eine direkte Antwort auf meine Fragen. Nach ungefähr drei Jahren wusste ich, dass meine Fragen so dermaßen irrelevant, ja sogar dämlich gewesen waren, dass sie nicht beantworten werden konnten. Weil Indianer aber höfliche Menschen sind, erzählten sie mir auf jede Frage hin irgendetwas anderes. So kam ich auch zu Informationen, die erst einmal einen losen Flickenteppich bildeten, der sich im Laufe der Zeit zusammenfügen sollte.

1981 lernte ich im Reservat einen älteren Herrn kennen, der Jahre zuvor an Krebs erkrankt war. Da er Mitglied einer evangelikalen Kirche und sehr christlich war, hatte er nie Kontakt zu den Medizinmänner seines Volkes gesucht, sondern eher einen großen Bogen um diese Leute gemacht. Denn was sie machten, war alles „Teufelswerk".

Nun hatte man ihn außerhalb des Reservats operiert und zum Sterben nachhause geschickt, denn der Krebs war zu weit fortgeschritten und eine lebensverlängernde Therapie im Reservatskrankenhaus kaum möglich. Da überlegte er sich das mit dem Teufel noch mal und ging zum Medizinmann. Nach etlichen Zeremonien war der Krebs verschwunden.

Aber wie konnte ein so Schwerkranker, mit Krebs im fortgeschrittenen Stadium, durch Heilungszeremonien eines Medizinmannes geheilt werden? War das eine der seltenen Spontanremissionen?

In den Reservaten, bei den armen Leuten, ist diese Art der Heilung nichts Ungewöhnliches. Das war schon immer so, seit Generationen, seit Anbeginn der Welt.

In der Kultur, in dem Bewusstsein der Lakota Indianer und der Völkern mit schamanisch geprägter Kultur allgemein, findet die Unterwerfung unter die Kausalität materieller Prozesse nicht statt. Das Weltbild der Lakota und anderer indigener Völker kennt auch die linear fortschreitende Zeit mit ihrem Zwang zur Kausalität, in der sich die Gegenwart aus der Vergangenheit herleitet, wenn A, dann B. Aber diese lineare Zeit ist nur eine Möglichkeit. Genauso wichtig ist die zyklische Zeit der kreisförmigen Wiederkehr, etwa der Jahreszeiten, oder die ewige Folge von Sonnenaufgang, Mittag, Sonnenuntergang, Mitternacht. Daneben existiert aber auch der Zustand der Zeitlosigkeit bei spirituellen Praktiken.

So gibt man fortschreitenden Prozessen, wie etwa dem Verlauf einer Krebserkrankung, nicht wie bei uns eine zwangsläufige Macht über das Leben und das Sterben und den eigenen Körper. Das, was in unserer Medizin „Spontanremission" genannt wird, wie medizinisch unerklärliche Heilungen von Krebs in einem fortgeschrittenen Stadium, wird hierzulande oft als Wunder angesehen. Man geht dafür vielleicht nach Lourdes. Es ist etwas, das sehr selten passiert, aber es ist bekannt, dass es passiert.

In Kulturen mit Medizinleuten oder Schamanen aber ist dies der Königsweg der Heilung. Diese „Reparatur" (auf Lakota heißt piya sowohl reparieren als auch heilen), die wir Wunder nennen, wird dort angestrebt und geschieht häufiger als bei uns.

Der Unterschied zu unserer Kultur besteht darin, dass die Offenheit gegenüber dem Heilverfahren „Spontanremissionen" immer gegeben ist. Die Existenz dieser so genannten Wunder wird nicht angezweifelt. Warum auch? Jeder ist mit Erfahrungen dieser Art aufgewachsen und sieht es als völlig normal an, bei Krankheit auf die altbewährten Techniken des Medizinmannes, beziehungsweise Schamanen zurückzugreifen.

Die innere Haltung der Menschen gegenüber ihren Heilungszeremonien ist geprägt von dem Grundsatz „mind over matter", Geist über

Materie. Die Kausalität der Prozesse innerhalb der Materie ist nur eine von zwei Möglichkeiten, Realität zu schaffen. Das Herunterladen einer alternativen Realität aus dem Geistigen ist die andere Möglichkeit.

Wer oder was heilt denn nun? Der Medizinmann oder die Medizinfrau? Fragt man sie, so sagen sie: Nein, wir heilen nicht. Heilen können nur die Geister. Durch den zeremoniellen Rahmen wird den Geistern ein Weg eröffnet, auf dem sie zu den Menschen gelangen können. Denn das ist ihr benevolentes Streben, den Menschen zu helfen und sie zu heilen.

Wir würden das Heilgeschehen eher als psychisches Phänomen ansehen. Jedenfalls ist dies eine gängige westliche Interpretation. Beide Erklärungsversuche, sowohl „Geister" als auch „Psyche" sind nicht verifizierbar und deshalb eher als Äußerungen des jeweiligen Weltbildes zu verstehen.

Ist eine der Erklärungen wahrer als die andere? Die äußere Erklärung: Da kommen Geister, die dich anfassen, in dich hineingucken und dort operieren oder sonst irgendetwas machen und heilen? Oder die innere Erklärung: Es ist alles „nur" psychisch?

Die Antwort auf diese Frage ist erst dann möglich, wenn man diesen Dualismus überwindet. Wenn wir weiterhin auf der Teilung von aussen und innen bestehen, wird die Suche nach der Ursache von Spontanremissionen erfolglos sein und Erklärungen, warum diese durch schamanische Praktiken häufiger geschehen als ohne zeremoniellen Rahmen, nicht gefunden werden können.

Zu dem Dualismus von innen oder außen gehört auch das Gegensatzpaar: somatisch und psychisch. In unserer Kultur werden heute gerne psychische Ursachen für Krankheiten angenommen. So hat der Krebs angeblich auch seine Ursache in ungelebten Teilen der Persönlichkeit (man kann das doch nicht einfach machen, was sollen denn die Leute sagen…). Die Erkältung und der Meniskusriss sind Botschaften der Seele: überlege mal, warum gerade dieser Infekt/Defekt, gerade zu dieser Zeit kam. Was will Dir das sagen, dass du nicht mehr schmerzfrei laufen kannst?

Diese psychologisierende Betrachtungsweise fand eine große Akzeptanz im Bewusstsein vieler, nicht nur der Spezialisten, weil sie auf dem Kausalitätsprinzip von Ursache und Wirkung beruht. Das Ursache-Wirkung-Denken ist sehr beruhigend und gibt Sicherheit, denn alles hat eine Ursache, nichts bleibt unerklärt oder unerklärlich.

Dann spielt noch ein weiteres, altbekanntes Prinzip in die Suche nach den Ursachen von Krankheiten hinein, nämlich das Prinzip der Schuld. Die Idee von Krankheit als Strafe für Verfehlungen ist seit alters her in allen Teilen der Welt zu finden. In unserer europäischen Kultur wurde sie durch die Aufklärung und den damit verbundenen Aufstieg der Wissenschaften verdrängt, aber nicht zerstört.

Bei existentiellen Problemen kann sich der Gedanke der Strafe wieder ins Bewusstsein drängen, wo er dann die aufgeklärte Sicht auf Krankheitsursachen überlagert. Meine krebskranke und eher unreligiöse Mutter sagte einmal: „Was habe ich nur getan, dass Gott mich so straft!"

Ein psychologisierender Ansatz bei der Suche nach Krankheitsursachen bezieht die Psyche der Kranken mit ein. So wichtig diese Schritt für eine ganzheitliche Medizin auch ist, so destruktiv kann er durch unreflektierten Missbrauch wirken. Dabei wird dann dem Patienten durch seine nicht aufgearbeiteten seelischen Defizite eine Mitschuld an seiner Erkrankung zugeschrieben.

Was passiert bei der Suchen nach spirituellen (Strafe Gottes) oder psychischen Ursachen (Neurosen aller Art) einer Krankheit? Man blickt nach hinten, nach gestern, oder ins letzte Jahr, in die Kindheit oder ins letzte Leben. Dadurch bindet man sich dort an. Das ist in unserer Kultur und Denkweise sehr wichtig. Die Anbindung an die Vergangenheit schafft Kontinuität. Brüche der Kontinuität, etwa in der Identität, in der Biographie, sind verdächtig, unsolide.

Aus der Vergangenheit führen viele Stricke zu uns in die Gegenwart. Sie sind Angebote mit mehr oder weniger starkem Aufforderungscharakter. Wenn ich einen Strick ergreife, binde ich mich an diesen Aspekt der Vergangenheit an. Das schafft Kontinuität, Identität und Sicherheit und verhindert manchmal Heilung.

Bei den Lakota, wo ich schamanisches Heilen kennenlernte, habe ich es nie erlebt, dass ein Medizinmann über die Ursache einer Krankheit spekuliert hätte. Offensichtlich haben auch die Geister kein Interesse, Aussagen über Ursachen zu machen. Bei den Inuit hat jede Krankheit ihre Ursache in einer kürzlich stattgefunden Tabuverletzung[10]. Auf den ersten Blick scheint das genau das Gegenteil zum Desinteresse an der Ursachensuche der Lakota zu sein. Auf den zweiten Blick läuft es aber auf das Gleiche hinaus: die Krankheit spielt im Hier und Jetzt und hat keine Verbindung zu Kindheitstraumata oder früheren Inkarnationen.

Kommen wir zurück zu dem krebskranken Indianer, der zum Sterben nachhause geschickt worden war. Der Medizinmann machte eine Heilungszeremonie und gab ihm pflanzliche Medizin. Er verordnete ihm, auf Zeremonien zu singen und nicht mehr unter einem Dach mit seiner Ehefrau zu leben. Der Patient besorgte sich einen alten Trailer, stellte ihn hinter sein Haus und zog dort ein.

Was hat ihn geheilt? Zwei Komponenten können wir bei dieser schamanischen Heilpraxis erkennen: Information und soziale Settings. Im traditionellen Weltbild der Lakota wirken Heilpflanzen nicht durch ihre Moleküle sondern durch ihre geistigen Kapazitäten. Der Geist der Heilpflanze kommuniziert mit dem Geist des Patienten.

[10] Vitebsky, Piers 2007, S.125

Die pflanzliche Medizin, die der Medizinmann hergestellt hatte, informierte den Körper des Kranken, wie er sich fortan zu verhalten habe: tue dies und höre auf mit jenem. Repariere dich auf diese Weise. „Lećel ećun wo" heisst „tue dies auf diese Weise". Dieser Satz kommt in vielen zeremoniellen Liedern der Lakota vor. Diese zeremoniellen Lieder der Lakota haben einfache Texte mit Aussagen und Bildern, die immer wieder vorkommen. Sie sind aber nur auf den ersten Blick einfach und mir inzwischen eine Quelle der Erkenntnis geworden. Sie beinhalten immer Subtexte, die sich durch das komprimierte rituelle Lakota erst langsam erschließen. Die Aufforderung „lećel ećun wo" ist eine Ermahnung zur korrekten Ausführung von Gebeten, Ritualen oder Zeremonien. Andererseits, so sagte mir mein Lakota Vater, stellt diese Aufforderung auch eine Bitte an die heilenden Entitäten (Geister) dar, die gesunde (korrekte) Funktionsweise wieder herzustellen: „Liebes Organ, auf diese Weise sollst du arbeiten".

Information kann verschiedene Träger haben, ein Buch, das gesprochene Wort oder eine Substanz, die man zu sich nimmt. Im schamanischen Weltbild der Lakota sprechen die Heilpflanzen zu den Menschen, sie informieren sie.

Während der Zeremonie nahm der Große Geist[11] über die Geister aber auch direkt Kontakt zum Geist des Patienten auf und informierte ihn und räumte im nicht-stofflichen Bereich auf. Jede Zelle weiss, wie sie sich zu teilen hat und weiss, was identische Kopien sind. Wenn sie mutiert, ist die Information, ist der Plan kaputt und muss neu programmiert werden: „Lećel ećun wo", „tue es auf diese Weise".

---

[11] Der Lakota Begriff „Wakan Tanka" ist schwer zu übersetzen. Tanka heißt groß, auch in profanem Sinn. Wakan wird oft mit „sacred/heilig" übersetzt. Das christlich geprägte Konzept von heilig trifft aber auf wakan nicht zu. Wakan bezeichnet vielmehr einen numinosen Zustand, den jedes Element der Schöpfung annehmen kann. Ist etwas wakan, hat es außerdem eine Wirkmächtigkeit. Somit sind vor allem die geistigen „Kräfte" jenseits der wahrnehmbaren Welt wakan, also numinos und wirkmächtig. Deshalb finde ich den etwas abgegriffenen Begriff „Großer Geist" durchaus treffend.

Um den Plan zu ändern, muss die Welt angehalten werden[12]. Der Patient braucht einen Bruch der Kontinuität. Er muss aus seinem Raum-Zeit-Gefüge herausgeworfen, herausgerissen, herausgestoßen werden.

Im Falle des krebskranken Mannes geschah dies erst einmal durch das beeindruckende Setting der Heilungszeremonie und dann durch die Neuordnung seiner sozialen Situation.

Hier liegt der Grund, warum schamanische Heilungen in schamanischen Kulturen erfolgreicher sind als bei uns. Ich habe immer wieder erlebt, dass kranke „Weisse" und besonders „Weisse" mit psychischen Problemen nicht bereit sind, einen Bruch in ihrem Leben zu vollziehen. Selbst ein Umzug oder eine neue Frisur sind undenkbar und nicht machbar.

Diese geistigen Entitäten oder Geister scheinen so zu denken: Die Vergangenheit interessiert nicht. Was zur Krankheit führte interessiert nicht. Die Gegenwart sieht durcheinander geraten aus. Das Gleichgewicht ist gestört.

Die Zukunft ist interessant. Die Wiederherstellung des Gleichgewichtes für die Zukunft ist das Einzige, was zählt. Dafür fangen wir jetzt ganz neu an.

Geistige Entitäten (Geister) lieben es, Menschen auf der geistigen, der seelischen, der emotionalen Ebene neu zu sortieren. Das ist ihre Auffassung von Psychosomatik. Die Patienten müssen dann nach der Zeremonie mit dieser Hauruckmethode fertig werden.

Den Blick in die Vergangenheit, auf die Herkunft und Ursache der Leiden kennt auch die Psychotherapie, besonders die klassische Psychoanalyse. Episoden der Vergangenheit können sich ständig neu aber verzerrt im Menschen abbilden. Das sind Fremdkörper, die da nichts zu suchen haben und wie Viren oder Bakterien Symptome verursachen.

---

[12] Der Begriff „die Welt anhalten" stammt entweder von Carlos Castaneda oder von seinem spirituellen Lehrer. (CASTANEDA, Carlos 1972)

Was befreit den Menschen von diesen Krankheitsursachen? Hier wird es interessant. Sigmund Freud arbeitete mit seinen Patienten mit Assoziationen und Träumen. Der Patient wurde dazu aufgefordert, einen Traum zu erzählen und darüber zu assoziieren, das heißt ohne zu überlegen, Bilder und Gedanken zu verbalisieren.

Beide, Traum und Assoziation kennen nur das Hier und Jetzt. Im Traum herrscht keine Ich-Kontinuität, wie im Wachzustand. Der Traum ist jede Nacht neu. Der Träumer im Traum kann sich auf keinen Erfahrungsschatz berufen. Der selbe blöde Albtraum führt jedes Mal aufs Neue zu der selben blöden Panik. Der Traum ist ein reines Gegenwartswesen. Auch die Assoziation soll nur im Hier und Jetzt geschehen. Kein Nachdenken, keine Kontrolle. Dieses Operieren mit Extremgegenwarten heilt. Aber Extremgegenwart verträgt keine Kontrolle und ist deshalb für die meisten bedrohlich.

Die Parallelen von Psychotherapie und Schamanisieren zeigen sich auch im Auftreten des Phänomens der Hellsichtigkeit. Die französische Psychoanalytikerin Elisabéth Laborde-Nottale berichtet, dass relativ häufig bei Patienten während ihrer Psychotherapie eine vorübergehende Hellsichtigkeit auftritt. Sie können die Gedanken ihrer Therapeuten lesen. So sagte ein Patient zu Laborde-Nottale, er werde nicht weiter reden, solange sie an diesen anderen Patienten denke. Er hatte sie beim „Fremddenken" ertappt. Ein anderer Patient kaufte mehrere Male hintereinander die gleichen Bücher wie die Therapeutin und erzählte ihr von seiner Lektüre. Beispiele wie solche gibt es viele. Nach Freud und der ersten Generation von Psychoanalytikern, die noch offen über diese Phänomene sprachen, wurden sie verschwiegen oder höchstens unter Kollegen zögerlich erwähnt[13].

---

[13] LABORD-NOTTALE, Elisabeth 1995

Nicht nur über Träume lässt sich assoziieren. Es lässt sich über alles assoziieren, die Kaffeetasse, die Steuererklärung, das Auto. Aber über Träume lässt sich besonders gut assoziieren, weil sie fließend sind und nach Carl Gustav Jung den Königsweg zu den archetypischen Inhalten darstellen.

Archetypen sind die Grundlagen für Bilder des kollektiven Unbewussten. Sie haben ihren Ursprung in den emotionalen Erfahrungen der Menschheit von Anbeginn und können nur mittelbar wahrgenommen werden, durch Träume, Mythen, Visionen.

Archetypische Bilder tauchen auf, wenn im Menschen Wandel und Wachstum stattfinden. Das Desinteresse an archetypischen Bildern und die Nichtwertschätzung ihrer Bedeutung ist, laut Jung, eine der Ursachen für unsere heutigen „psychischen Epidemien"[14].

Andere archetypische Bildwerke, die sich zum Assoziieren eigenen, sind zum Beispiel Tarot-Karten und Märchen. Als Kinder haben wir uns verkleidet und Märchen nachgespielt und haben dadurch, neben dem Spaß, unser geistig-seelisches Wachstum gefördert.

Wenn wir allerdings Träume zu deuten versuchen, also davon ausgehen, dass sie für etwas inhaltlich Anderes stehen, halten wir sie an. Dann wird das Fließen, das Surfen in der Extremgegenwart unterbrochen und mit Fixativ besprüht und in Bezug zu seiner Nützlichkeit für das Bewusstsein gesetzt. Dieses Vorgehen verschafft uns wieder Sicherheit durch intellektuelle Interpretation aber keine Integration in die Ganzheit unseres Selbst.

Über die individuelle Lebensgeschichte hinaus gelangen manche in eine noch vergangenere Vergangenheit, in frühere Leben. Der orientalische Karma- und Reinkarnationsgedanke führt in seinen Ursprungskulturen zu einer Gelassenheit im Hier und Jetzt. Ich nehme mein Leben, wie es ist. Das westliche Erfolgs- und Machbarkeitsdenken nannte das früher „den Fatalismus der Orientalen".

[14] JUNG, Carl Gustav in DEVEREUX, Paul 2010

Jetzt haben wir die Reinkarnation im Westen adaptiert, wobei allerdings ein Bedürfnis des Nachbesserns zu erkennen ist. Bei uns wird eben nichts hingenommen. Es wird versucht, zu optimieren. Bei verschiedenen Freunden habe ich gesehen, dass dieses Nachbessern durch neue westliche Techniken der Reinkarnationstherapien in einen Strudel führen kann. Man kommt da nicht mehr heraus. Alle alten Informationen, die sich behindernd auf das jetzige Leben auswirken, müssen gelöscht werden.

Man kann erst mit dem Löschen aufhören, wenn alle Fäkalien nach oben gespült worden ist. Und es kommen immer wieder Fäkalien nach. Diese Menschen haben sich mit besonders dicken Stricken an die Vergangenheit angebunden und die Frage ist, um welche oder wessen Vergangenheit es sich dabei überhaupt handelt. Sie haben sich ein Rückwärtsklo angeschafft, das nicht aufhören kann, den Inhalt der Kanalisation nach oben zu spülen. In diesem System hält eine erfolgreiche Löschung alter karmischer Verstrickungen nur kurze Zeit. Dann spült vielleicht die kollektive Vergangenheit neuen traumatischen Müll nach oben, den sie loswerden will.

Surfen in der Extremgegenwart, sein eigenes Sein und dessen Beziehungen zur Umwelt ins Fließen zu bringen, das versuchen sowohl Psychotherapie als auch schamanische Zeremonien mit ihren Geistern. Schamanische Heilungen vollziehen sich durch das Einwirkung aufgerufener Geister auf den Patienten. Da stellt sich natürlich die Frage, ob es diese Geister gibt.

Der Medizinmann sieht die Geister. Er kann sie beschreiben. Oder er spürt ihre Gegenwart, hört ein Geräusch, eine Stimme. Sind das nun Halluzinationen, Artefakte seines Nervensystems? Oder gibt es da draußen wirklich eine andere, geistige Seinsebene, mit der man in Kontakt kommen kann?

Diese Fragen sind erst einmal bedeutungslos. Beide Möglichkeiten, die des neurologischen Konstrukts und die der Kommunikation mit geistigen Entitäten sind zu interessant, um sie einfach weg zu erklären und durch Leugnen verschwinden zu lassen. Wenn wir davon ausgehen, dass da etwas ist, egal, ob innen oder außen, beginnen wir unser Interesse am Schamanismus zu verstehen.

Der in der „westlichen" Kultur aufgetretene New-Age-Schamanismus, auch Neo-Schamanismus genannt, ist Ausdruck des Bedürfnisses nach Erweiterung und der Ausschöpfung geistiger Möglichkeiten. Er ist Ausdruck des Bedürfnisses nach einem Verfügungsrecht über diese Möglichkeiten. Ich möchte das als Bedürfnis nach spiritual empowerment bezeichnen. Dabei kommt die Frage nach der Natur der Inhalte des spirituellen Erlebens erst an zweiter Stelle.

Wenn uns die Erklärungen postmoderner, aufgeklärter Angehöriger westlicher Kulturen erklären, dass schamanische Rituale ausschließlich intrapsychisch funktionieren oder andererseits die Erklärungen der Schamanen, dass hier geistige Entitäten von außen wirksam sind, nicht befriedigen, dann müssen wir woanders nach erklärenden Modellen suchen. Wie wir gesehen haben, können beide Erklärungsversuche nicht verifiziert oder falsifiziert werden.

Mögliche theoretische Grundlagen

Die neue Quantenphysik ist diejenige Disziplin in unserem westlichen, wissenschaftlichen Denken, die am ehesten eine Erklärung schamanischer Phänomene anbietet. Denn durch die Quantenphysik vollzog und vollzieht sich die letzte Auflösung der Gewissheiten. Seitdem Jerusalem nicht mehr als Zentrum der Welt und die Erde nicht mehr als

Zentrum des Universums gelten, fordert die moderne Quantenphysik das radikalste Umdenken über alles, was wir für gewiss und gesicherte Erkenntnis gehalten haben.

Grob gesagt wird durch die Quantenphysik die Materie auf kleinste Seinszustände reduziert. Eine Auflösung des Grobmateriellen, dessen, was wir sehen und anfassen können, in immer kleinere Einheiten, ja nicht mal Einheiten, sondern in momentane Zustände. Diese sind die Konstruktionselemente des Seins.

Die physikalischen Gesetze, die immer noch größtenteils unser Bewusstsein oder das Bewusstsein der breiten Masse prägen, kann man als voreinsteinisch und vorplanckisch bezeichnen.

Unsere Sicht auf die Welt endet bewusst, aber meist wohl eher unbewusst, bei den Molekülen. Schon die Atome bereiten dem Denken Unbehagen, da sie vor allem aus leerem Raum bestehen. Die 99,999999999% Leere (Vakuum) zwischen dem Atomkern und seinen Elektronen und die ständige Fluktuation und Unvorhersagbarkeit der Aufenthaltsorte der Elektronen unterminiert die Idee von der Festigkeit der Materie. Molekulare Strukturen sind dagegen stabil und geradezu solide.

Auch die traditionelle Schulmedizin liebt die Moleküle, aus denen sie ihre Arzneimittel kreiert. Es sind die Moleküle in der Arznei, die heilen.

Bereits die Atome sind schillernde Seinsformen. Atomkerne bestehen aus Teilchen, den Protonen und Neutronen, welche aus noch kleineren Teilchen bestehen, die Quarks genannt werden.

Es stellte sich die Frage, ob dieses oder jenes Teilchen überhaupt einen Teilchencharakter hat oder nur Welle ist, oder mal das eine und mal das andere, je nach Wille und Vorstellung des interagierenden Physikers. Der Tisch, der vor uns steht, hat Wellencharakter und er hat Teilchencharakter und in ihm rasen Elektronen im leeren Raum in Ansammlungen von Quarks. Dass wir mit der Hand nicht durch den Tisch hindurch fahren können, wie ein Geist, liegt daran, dass Elektronen einen Raum besetzt halten und verhindern, dass andere Elektronen den selben Raum einnehmen können. Und das auch noch mit uns unbekannten Lokalitäten und springend. Die Tischelektronen verhindern, dass meine Handelektronen in den Tisch eindringen. Der Zustand Tisch und der Zustand Hand stoßen sich ab. Und zu allem Übel bestehen sie zu 99.99 Prozent aus nichts (Vakuum).

Die Welt, in der wir leben und die wir erleben ist genau aus dieser Suppe der Teilchen und Wellen zusammengekocht. Ich bestehe ja aus Atomen. Ich bestehe ja aus Elektronen und Teilchen und Quarks und Wellen. Ich bestehe aus Zuständen. Und so sind auch alle Dinge letztendlich stabile Zustände. Aber Festigkeit ist eine Illusion. Die Illusion entsteht, weil stabile Zustände Dauer vermitteln. Das Dauernde, nur langsam sich Wandelnde, wird dann als Ding wahrgenommen.

Der deutsche Physiker Hans-Peter Dürr sagt dazu: *„Ich habe als Physiker fünfzig Jahre lang – mein ganzes Forscherleben - damit verbracht zu fragen, was eigentlich hinter der Materie steckt. Das Ergebnis ist ganz einfach: Es gibt keine Materie!"*[15] Dürr bezeichnet Materie als geronnenen Geist und schlägt vor, statt von Teilchen, von „Passierchen" oder „Wirks" zu sprechen, von etwas, von dem eine Wirkung ausgeht[16].

Die Quantenphysik und auch die Relativitätstheorie leiteten eine neue Beschäftigung der Physik mit dem Geist ein. Besonders Nobelpreisträger, haben die Frage nach der Natur des Geistes gestellt. Werner Heisenberg, James Jeans, Max Born, Erwin Schrödinger, Wolfgang Pauli, um nur einige zu nennen, haben das, durch die Quanten- und die Relativitätstheorie veränderte Weltbild in Beziehung zum Verständnis

---

[15] DÜRR, Hans Peter 2010, S. 44
[16] ebda.

des Seins und des menschlichen Geistes gesetzt[17]. Daraus entwickelte sich die neue Quantenphilosophie, die dabei ist, Physik und Metaphysik wieder zu vereinen.

Einige Beispiele für die Beschäftigung von Naturwissenschaftlern mit dem Geist sollen dies illustrieren.

1. Der französische Teilchenphysiker Jean E. Charon lokalisierte den Geist in den Elektronen. Er sah eine Analogie der Funktionen des menschlichen Geistes mit den Zuständen innerhalb der Teilchen.

Eine Funktion des Geistes ist Informationsaustausch, der auch von Teilchen bekannt ist, die durch ihre Spins untereinander Informationen austauschen. Außerdem ist der Geist negentropisch im Gegensatz zur Entropie der Raumzeit. Einfach gesagt bedeutet das, dass in der Raumzeit die Zeit fortschreitet und die Vergangenheit verloren ist, während der Raum immer wieder begehbar ist. Das gehört in den Bereich der Entropie.

In unserem Geist aber können wir nur an einen Raum zurück reisen, wenn wir sein Bild in der Vergangenheit wachrufen. Ich kann mir nicht meine Schule vor meinem inneren Auge ansehen, so wie sie heute ist. Der Raum ist verloren, die Zeit ist zurück bringbar. Ich kann mich hinsetzen und einen Plan der Schule zeichnen, die Flure, die Klassenzimmer, das Lehrerzimmer und so weiter. Vielleicht ist die Schule schon längst abgerissen worden. Der Geist schafft bewahrende Ordnung, während der Raum zu immer mehr Unordnung und Zerfall strebt. Der Raum ist entropisch und der Geist weist negentropische Eigenschaften auf. Er schafft Ordnung. Nun geht die Physik davon aus, dass Elektronen einen negentropischen Zustand haben. Charon sah die Parallelen zwischen Geist und Elektron und erklärte das Elektron als Träger des Geistes[18].

[17] DÜRR, Hans Peter 1986
[18] CHARON, Jean E. 1996

Doch nicht nur das Elektron ist ein Kandidat. Basierend auf dem Phänomen der Verschränkung von Teilchen, postulieren verschiedene Wissenschaftler, dass der Geist (oder das Bewusstsein) Quanteneigenschaften besitzt. Hierbei wird unter anderem auf die Probabilitätswellen verwiesen, die Ähnlichkeit mit der vorgedanklichen Ahnung haben[19].

2. Der Physiker Burkhard Heim erklärt das Sein als zwölfdimensionalen Raum. Heims 5. und 6. Dimension sind Organisationsstrukturen und seine 7. und 8. Dimension bilden Informationsstrukturen. Hinzugefügt zur vierdimensionalen Raumzeit bilden sie ein kybernetisches (sich selbstregulierendes) Modell. Die 9. bis 12. Dimension bildet einen Hyperraum, in dem es den Energiebegriff nicht gibt, der also nulldimensional ist, was dem Geist entspricht. Der Geist ist auch bei Heim der Urgrund des Seins. Starke Magnetfelder erschaffen zwar die Gravitationswellen, so Heim, doch *„in dieser Andersartigkeit der Gravitationswellen gegenüber den elektromagnetischen liegt auch der Grund, dass die Wechselwirkungen mit materiellen Systemen von negativer Entropie begleitet sind."*[20] Dies würde bedeuten, dass Geist als ordnendes System mit der Gravitation verbunden ist oder mittels Gravitation wirkt[21].

3. Der Biologe Rupert Sheldrake hat mit seiner Arbeit über die Geschwindigkeitsentwicklung bei Informationsverbreitung und Lernen den Geist als Feld beschrieben. Kurz gesagt, verkürzt sich die Zeit, die nötig ist, um etwas zu lernen, sobald der Lernprozess ein erstes Mal vollzogen wurde. Der experimentell gefunden Lösungsweg ist dann im Feld der entsprechenden biologischen Art abgespeichert. Ausgehend

[19] FROBÖSE, Rolf 2008
[20] LUDWIGER, Illobrand von 1992, S. 267
[21] ebda.

von den morphogenetischen Feldern, die als Form bildende Verursachung für die Entwicklung von Strukturen verantwortlich sind, entwickelte Sheldrake das Modell eines universellen morphischen Feldes, das als Grundmuster die Blaupausen aller biologischen Systeme bildet. Da dieses morphische Feld keine Energie verbraucht oder zur Verfügung stellt, ist es dem nulldimensionalen Geist zuzuordnen, also negentropisch. Praktische Untersuchungen zur Existenz des morphischen Feldes zeigten, dass eine Art (zum Beispiel Ratten und Kristalle) einmal gelernte oder vollzogene neue Entwicklungen nach wenigen Generationen in signifikant schnellerer Zeit vollziehen können[22].

4. Neuere Ansätze, die unter anderem auf die Forschungen des Physiker David Bohm zurückgehen, verstehen Geist und Information als physikalisches Feld.

Danach ist Geist ein Phänomen eines Feldes, das mit dem Quantenvakuum des Universums identisch ist. Dieses Vakuum ist nicht völlig leer. In ihm fluktuieren virtuelle Teilchen deren Bewegung die Nullpunktenergie schafft. Die Nullpunktenergie heisst so, weil die Temperatur des Vakuums –270 Grad Celsius betrifft. Diese einheitliche Temperatur liegt nahe an dem absoluten Nullpunkt von -273.15 Grad, der eine nicht existierende, aber ableitbare Messgröße ist.

Die Physik geht also davon aus, dass im Vakuum eine nicht messbare Energie herrscht, die Nullpunktenergie oder Vakuumenergie, deren Vorhandensein durch den Casimir-Effekt nachgewiesen werden konnte.

Als Medium dieser Nullpunktenergie wird von einigen Wissenschaftlern ein Feld angenommen, das Nullpunktfeld. Von der „offiziellen" Physik wird die Bezeichnung als Feld aber abgelehnt.

[22] SHELDRAKE, Rupert 1983

Ein Feld ist eine Matrix oder ein Medium, dass zwei Punkte miteinander verbindet oder zueinander in Beziehung setzt. Da das Vakuum nicht nur den leeren Raum im Universum ausmacht sondern auch den Raum zwischen Atomkern und umgebenden Elektronen bildet, setzt es alles mit allem in Beziehung[23].

Dieses Feld, aus dem wir zu 99.999999999 Prozent bestehen und ebenso das Vakuum des Universums, *„ist zwar leer an Masse, dafür aber voll von unvorstellbar viel Energie und Information – allerdings nur als Möglichkeit, deshalb virtuell"*[24].

Information als Funktion des Nullpunktfeldes geht auf die Überlegung zurück, dass im teilchenleeren Vakuum Probabilitätswellen als Vorstufe allen Seins sich holographisch überschreiben.

Bevor Materie entsteht, also ein Teilchen ein Teilchen wird, ist es eine dieser Probabilitätswellen. Erst wenn diese Welle kollabiert, legt sie sich auf einen Zustand fest. Es entsteht ein Teilchen. Dies bedeutet, dass die Produktion unseres Universums ein immer während Schöpfungsprozess ist, in dem aus Information Form (= Materie) wird. In diesem Modell wird das Nullpunktfeld, das Feld in dem sich Probalitätswellen überschreiben, der Speicher aller Informationen des Universums[25].

5. Ervin Laszlo greift die Untersuchungen der Brookhaven-Experimente zum Nullpunktfeld auf, die das Quantenvakuum angefüllt mit einer Superfluid sehen. Diese Superflüssigkeit ist ein superdichtes und superflüssiges Medium, dass das Universum und somit auch jeden von uns Menschen ohne Reibungswiderstand anfüllt. Sie erzeugt Kohärenz zwischen den Teilchen des Vakuums. *„(Die) Kohärenz erzeugende Eigenschaft (..) ist (...) die Übertragung von einer besonderen Art von*

[23] McTaggert, Lynn 2007
[24] Warnke, Ulrich 2011 S. 67
[25] ebda.

Information: Physikalisch wirksame, aktive Information oder „In-for-mation"[26]. Laszlo sieht in der Information (als Funktion von Geist) den Urgrund des Seins.

6. Ein Modell, das die Natur des Geistes und die Natur des Lichts ver-eint, stammt von Fritz Albert Popp. In den Zellen aller biologischen Systeme ist Licht gespeichert. Es wird peu á peu abgegeben. Diese Strahlung ist geordnet, das heisst koheränt wie Laserstrahlen. Krank-heit ist eine Unordnung dieser Biophotonen[27]. Kohärenz, das heißt ge-ordnet und ausgerichtet sein, ist eine Eigenschaft der Negentropie. Das Universum ist aber entropisch. Der Thermodynamische Hauptsatz vom Energieerhalt, eines der fundamentalen Gesetzte in der Physik (Standardmodell), besagt, dass sich das Universum permanent von einem Zustand der Ordnung in einen Zustand der Unordnung bewegt, wie ein Schreibtisch. Er wird von selber unordentlich. Immer mehr Dinge häufen sich auf ihm an. Um Ordnung wieder herzustellen, muss Energie von außerhalb des Systems „Schreibtisch" eingeführt werden. Wie lästig, wir müssen aufräumen. Da aber von außerhalb des Univer-sums offenbar nie Energie in das Universum eingeführt wird, wird es immer unordentlicher. Am Anfang waren vielleicht zwei Teilchen, eins positiv geladen, das andere negativ geladen. Das war noch schön über-sichtlich. Aber schon jetzt herrscht ein wirres Durcheinander.

Die Entwicklung von der Unordnung zur Ordnung und von der Zerstreuung zur Konzentration ist eine Eigenschaft der Negentropie. So funktioniert unser Geist. So funktioniert Information. Wenn jede Zelle Licht ausstrahlt, das kohärent ist, das heisst, gebündelt und ge-ordnet ist, herrscht Gesundheit. Wenn in einer Zelle das Licht sich zer-streut und in der Ausstrahlung keine Ordnung mehr erkennbar ist, herrscht Krankheit[28].

---

[26] LASZLO, Ervin 2005, S. 64
[27] BRÖCKERS, Matthias/POPP, Fritz A. 2005
[28] ebda.

Was ist nun Geist, ein biologisches oder ein kosmisches Feld, hat er Teilchencharakter oder Wellencharakter, hängt er mit der Gravitation oder mit einer Superflüssigkeit im Quantenvakuum zusammen, korreliert er mit Licht?

Die Antwort auf die Frage, wo der Geist lokalisiert wird, ist erst einmal unwichtig, weil kaum zu beantworten. Wichtig und bemerkenswert ist die Tatsache der Einbeziehung des Geistes als eine physikalisch-mathematische Größe, die das Universum mitkonstruiert (oder konstruiert) und damit die Idee, dass man ohne den Geist nicht mehr rechnen kann. Die Einbeziehung des Geistes scheint unabdingbar, wenn man den physikalischen Lehrsatz berücksichtigen will, dass der Beobachter nicht vom Beobachteten getrennt werden kann. Das Bewusstsein des Experimentators, seine Intention, beeinflusst oder bestimmt das Ergebnis der Untersuchung im subatomaren Bereich[29].

Antworten auf die alte philosophische Frage nach dem Urgrund des Seins werden heute von der Physik gegeben. Die Physik und die Naturwissenschaften liefern Modelle für die Schöpfung aus der Information, dem Geist. Heute scheinen sich Physik und Metaphysik wieder zu vereinen.

Und was sagen Schamanen zu der Idee der Heilung aus der Leere, dem Vakuum, oder einem nicht lokalisierbaren und nicht messbaren Feld? Die Ethnologin Amélie Schenk zitiert dazu den mongolischen Schamanen Zeren Baawai:

„Und alle diese Wesenheiten (...) sind körperlos und von luftiger Beschaffenheit. Es sind elementare Körper aus Luft, und sie sind formlos. Sie gehören zur Leere und sind von leerer Beschaffenheit. Und obwohl sie zur körperlosen Leere gehören, besteht die Welt doch aus ihnen. Sie sind ein Bestandteil des Universums. Denn der Mensch besteht aus eben

[29] WARNKE, Ulrich 2011

*dieser körperlosen Leere. Der Mensch, Sewdschid, der ich bin, entsteht
nicht plötzlich. Zunächst bildet er sich aus der körperlosen Leere heraus.
Dann habe ich eben eine Gestalt, aber nach einer Weile werde ich wieder
zur form- und körperlosen Leere werden. Der Mensch, der auf diese
Weise entsteht, hat dann bei sich eine Leere, genannt Innenwelt.
Sewdschid ist nicht nur ein sichtbares Ding, genannt Körper, sie ist
gleichzeitig auch ein Stück Innenwelt, gewonnen aus der gewaltigen grossen Leere des Universums.* "[30]

Um die Frage, was diese immaterielle Komponente unseres Selbst, was
Geist, was Innenwelt ist, einzugrenzen, möchte ich mich in der Folge
auf eine Funktion des Geistes beschränken, die Information.

Information als Heilmittel wird schon seit langem durch die Homöopathie angewendet. Die Homöopathie behandelt mit Wirkstoffen,
die soweit verschüttelt, das heisst, aufgelöst werden, bis molekular
nichts mehr von ihnen im Arzneimittel vorhanden ist. Was bleibt, ist
die Information. In den Tropfen oder Zuckerkügelchen ist die Information von Schlangengift, Opium oder chloriertem Magnesium enthalten, sagen die Homöopathen. Da ist gar nichts drin, alles Placebo,
sagt die traditionelle Schulmedizin. Trotzdem ist die Homöopathie bei
uns weit verbreitet und wird auch von Ärzten angewendet.

Was ist Information?

Information ist eine Funktion des Geistes. Information ist eine Bewegung des Geistes. Informationsaustausch ist eine Bewegung zweier geistiger Entitäten in Bezug zueinander. Der Austausch bedingt, dass es
einen Sender und einen Empfänger gibt. Der Empfänger hat die Möglichkeit die Information abzuwehren, zum Beispiel als irrelevant, oder
sie zu übernehmen und sich damit auf den gleichen Stand des Senders

---

[30] SCHENK, Amélie 2000, S. 74

zu begeben. Danach haben beide keine Information mehr auszutauschen, weil sie sich auf demselben Stand befinden. Diese Kurzbeschreibung gilt für Teilchen genauso, wie für menschliche Individuen.

Der Informationsaustausch ohne Zeitverlust bei verschränkten Teilchen ist experimentell nachweisbar. In diesen Experimenten wird der Spin zweier Teilchen, die mal ein Teilchen gewesen sind, gleichgeschaltet und dann werden die Geschwisterteilchen getrennt. Verändert der Experimentator den Spin eines der beiden Teilchen, so verändert sich zeitgleich der Spinn des zum Beispiel 143 Kilometer entfernten Geschwisterteilchens. Diese Zeitgleichheit, man spricht hier von Synchronizität, zeigt an, dass Information nicht der Begrenzung durch die Lichtgeschwindigkeit unterliegt, was wieder den nulldimensionalen Charakter des Geistes zeigt[31].

Welche Aussagen über den Geist sind nun geeignet eine Heilungen durch Zeremonien oder Spontanremissionen zu erklären?

Unser Patient hat einen Tumor, der ein Ding im grobstofflichen Bereich darstellt. Diesen Tumor verdünnen wir jetzt immer weiter in Moleküle, Atome, Teilchen und Wellen oder Felder. Jetzt ist das Ding zu einem Zustand geworden. In diesem Zustand tauschen Teilchen durch Spins Informationen aus, oder sie tun es nicht. Öffnen wir nun den Informationskanal zu den Teilchen und Wellen. Probabilitätswellen überschreiben sich, was als All-Informiertheit interpretiert worden ist. Hier kann eine neue Information eine alte Information ändern. Es nützt gar nichts, einem Molekül zu sagen, was es machen soll. Aber eine Umprogrammierung von fehlerhaften Informationen durch korrekte Informationen wäre in diesem Modell möglich.

[31] KRUSE, Eckhard 2013

Wieder möchte ich die heiligen Lieder der Lakota zurückreifen. „Wamayanka yo" heisst: Sieh mich an! In vielen Liedern wird der Große Schöpfergeist, beziehungsweise das große Wirkmächtige (Wakan Tanka) aufgefordert, hinzuschauen. Denn wenn ich angeschaut werde, kann in diesem Moment eine Realität entstehen.

Ein Gesetz der Quantenphysik besagt, dass die Wahrscheinlichkeitswellen erst dann kollabieren (und zu Teilchen werden), wenn sie beobachtet werden. Bevor sie beobachtet oder gemessen werden, steht ihnen jede Form-Möglichkeit innerhalb eines holistischen Ganzen zur Verfügung. Erst das Hinschauen zwingt sie in eine stabile Form, die Möglichkeitswelle muss sich festlegen, sie wird zum Teilchen. So könnte man das Gebet: „Wakan Tanka, wamayanka yo!" übersetzen mit: „Große Wirkmächtigkeit, schau mich an und lege mich gemäß deinem Bauplan fest (überschreibe meine fehlerhafte Information)."

Auch das kohärente Licht der Biophotonen könnte eine Rolle bei Heilungszeremonien spielen, denn während der Zeremonien und auch auf Visionssuchen treten unterschiedliche Lichterscheinungen auf. Es gibt Lichter, die von allen, und andere die nur von manchen Teilnehmern gesehen werden. Bei Visionssuchen werden manchmal gleissend helle Lichtbälle beobachtet, die langsam oder schnell durch die Luft schweben[32].

In einigen heiligen Liedern der Lakota werden die Lichtfunken zu den Zeremonien eingeladen.

---

[32] Das Auftreten von Lichterscheinungen ist auch aus der europäischen Gnosis und der Alchemie bekannt (JUNG, Carl G. 1975).

Rituelle Settings

Wenn also alles auf der Ebene der Information abläuft, der Ebene des reinen Geistes, oder des Geistigen, wozu brauchen wir dann die schamanischen Settings?

Eindrucksvoll sind die Schamanenmäntel und -trommeln der sibirischen Schamanen, die schweren mit Eisenteilen und Messingspiegeln behängten Mäntel, Kopfbedeckungen, die das Gesicht hinter einem Fransenvorhang verschwinden lassen, Stiefel und Mäntel, auf denen Applikationen die Knochen des Skelettes nachzeichnen und Trommeln in deren Rückseiten Geisterrepräsentanten angebracht sind[33].

Sibirischer Schamane, 1902[34]

[33] LOMMEL, Andreas 1980
[34] JOCHELSON, Waldemar: *Yakut Shaman in Ceremonial Dress*, 1902: in National Museum of American History ID 1832

Auf dem amerikanischen Kontinent werden die Gegenstände des Medizinmannes meist nicht auf dem Leib getragen, sondern oft auf der Erde in Form eines Altars ausgebreitet.

Altar peruanischer Schamanen nach Douglas Sharon[35]

Schamanen versetzen sich mehr oder weniger tief in Trance oder nehmen bewusstseinsverändernde Drogen zur Hilfe. Es wird getrommelt, gerasselt, gesungen, stundenlang, nächtelang, tagelang.

Außerhalb schamanischer Kulturen pilgern Menschen zu wundersamen Quellen und Seen, um Heilung zu suchen, zum Beispiel zur Grotte in Lourdes mit ihrem heilenden Wasser. Ähnlich ist die Technik des Gesundbetens in Pfingstgemeinden in Amerika oder das betende Umrunden von Gräbern von Marabous in Nord Afrika zu sehen.

[35] nach SHARON, Douglas 1980

Aber wozu soll dieses ganze barocke Brimborium dienen, um auf so einer abstrakten Ebene, wie der Ebene des Geistes oder der Ebene der Wellen und Felder einen Austausch von Informationen hervorzurufen?

Die Ursache für die Ritualisierung ist in der Begrenztheit von uns Menschen zu suchen. Unsere Sinne sind begrenzt, das heißt zu grob und können auf diese feine Ebene nicht vordringen. Ja unser Geist selbst ist begrenzt und sehr bewusstseinsorientiert und dialogisch geprägt. Wir brauchen immer ein Du, ein Gegenüber, mit dem wir kommunizieren können. Das zeigt sich gerade an unserem westlichen, historisch gewachsenen Gottesbild, das sehr personifiziert ist. Wir sind bestrebt, dem Formlosen eine Form zu geben. Wir können das Formlose so nicht wahrnehmen, nicht verstehen, nicht mit ihm umgehen. Wenn wir ins Handeln kommen wollen, müssen wir dem Formlosen eine Form geben.

Schamanische Heilungszeremonien versuchen Kommunikation mit dem Geist herzustellen. Dazu bieten sie Lockmittel an, Gegenstände auf den Mänteln und Altären, die den Geistern gefallen, Lieder, Rhythmen und Geräusche, die die Geister gerne hören.

Gibt es nun Geister, oder nicht?

Was sagen die Schamanen und Medizinmänner dazu, wie sie heilen. Wenn sie überhaupt etwas dazu sagen, hat man schon Glück. Aber auch Schamanen wachsen nach und die jüngeren sind vertrauter mit „weissem Denken" und dem „weissen" Weltbild.

Also haben wir Glück und hören den Medizinmännern/Schamanen zu. Da sagt der eine: Zu mir kommt ein verstorbener Schamane. Sein Name ist Sowieso. Das ist mein Hauptgeist. Der nächste sagt: Zu meinen Zeremonien kommt immer ein Gewittergeist. Die nächste sagt: Hier diese Steine, das sind meine Helfer. Und das hier ist ein Heilstein.

In Korea kommen gerne Generale aus vergangenen Kriegen zu den Schamanen. Auch Tiergeister tauchen häufig auf. Und wenn wir uns die Zeichnungen ansehen, die der Inuitschamane Arnaqaoq für Knud Rasmussen gemacht hat, dann sehen wir ganz skurrile oder absurde kleine Gestalten. Sie sind Portraits von Geistern, die dem Schamanen helfen, das Wetter zu ändern, Jagdglück zu bringen und Kranke zu heilen[36].

Kigutiliq oder
„der Geist mit den Riesenzähnen"[37]

Isitoq oder „Riesenauge"[38]

Wir haben es also mit mehr oder weniger naturalistischen Vorstellungen zu tun, die im Gegensatz zu den sehr abstrakten Vorstellungen von Geist und Teilchen, wie wir sie oben gesehen haben, zu stehen scheinen.

Die Verbindung zwischen beiden Sichtweisen habe ich in den Lehren der Lakota Indianer gefunden. Sie stellen für alle Zeremonien kleine Opfergaben aus Stoff und Tabak her. Dabei wird der Tabak in den Stoff eingebunden. Das ergibt kleine Bündelchen, die an einem

[36] RASMUSSEN, Knud in LOMMEL, Andreas 1980
[37] ebda. nach RASMUSSEN
[38] ebda. nach RASSMUSSEN

Band aufgereiht sind oder größere Gebetsfahnen, die einzeln darge-
bracht werden. Diese Gebetsfahnen benutzen die Geister, um sich zu
bekleiden. Sie kleiden sich ein. Auch in den Zeremonialliedern wird
darüber gesungen. Da heißt es zum Beispiel in einem Lied: Da kommt
ein Mann aus dem Westen, er ist schwarz bemalt... Da kommt ein
Mann aus dem Norden, er ist rot bemalt... usw. Im Verständnis der
Lakotasprache entspricht die Bemalung einem Kleidungsstück, das
man anzieht.

Bei meiner ersten Heilungszeremonie mit einem Lakota Medizinmann habe ich seltsame Gebilde gesehen. Die Heilungszeremonien finden immer im Dunkeln statt. Irgendwann sah ich in der Dunkelheit
schwache Lichttentakel, dreidimensionale amorphe Gebilde, die sich
langsam bewegten und drehten, fast wehten. Obwohl ich dieses Bild
immer noch vor meinem inneren Auge habe, kann ich es nur schwer
beschreiben. Auf jeden Fall war es eher etwas, das man auf Aufnahmen
von Schleiernebeln im All oder in wissenschaftliche Animationen über
die Entstehung des Weltalls zu sehen erwartet, als bei einer schamanischen Zeremonie.

Jahre später habe ich mich getraut, das meinem indianischen Vater
zu erzählen, der überhaupt keine Probleme mit meiner Beschreibung
hatte und sagte: Das ist die wahre Gestalt der Geister. Es ist nur ganz
selten, dass jemand sie so sieht. Da hast du Glück gehabt.

Etwa 25 Jahre später las ich bei Moody von einem Mann, der im Nahtodzustand etwas gesehen hat, das wie *„Wolken von Zigarettenrauch,
die um eine Lampe herum schweben"*[39] aussah. Ich war begeistert. End-
lich hatte das mal einer treffend beschrieben. So sieht also die Blaupause der Geister aus. Dies erklärt die Gebetsfahnen, mit denen sich

---

[39] MOODY, Raymond 1989, S. 110

die Geister bekleiden. Denn in dieser amorphen Gestalt, die sowieso nur selten zu sehen ist, könnten sie sich ja kaum mitteilen. Also bekleiden sie sich, um in Kontakt zu treten. Geist konkretisiert sich zu Zigarettenrauch, der um eine Lampe wabert. Dann nimmt er die Geschenke der Menschen mit ihren Gebeten in Form der mit Tabak gefüllten Tuchmäntelchen und bekleidet sich als Bär oder als Stein oder mit dem Geist eines Verstorbenen.

Geist formt sich und Geist wird geformt. Es handelt sich um eine Bewegung in zwei Richtungen. Geist bietet die Eigenschaft, geformt zu werden an; und der Mensch bietet Formen an. Daraus entsteht ein Gegenüber. Dies ist notwendig, weil wir Menschen zu begrenzt sind in unserer Wahrnehmung und zu begrenzt sind in unserem Denken und so eine Form schaffen müssen, um ein Gegenüber, ein Du, zu haben. Wenn wir mit Mäusen reden wollten, müssten wir Mäusesprache lernen. Wir müssten uns sozusagen hinunter begeben auf die ganz einfache Ebene der Mäuse. Wir können nicht erwarten, dass die Mäuse Menschensprache lernen. So muss sich Geist auf unsere niedere Ebene begeben und wir Menschen können nur hoffen, dass Geist das Angebot der Formgebung nutzt, sich formt und sich uns mitteilt.

Bereits Aristoteles beschrieb die Formgebung als Grundelement des Seins. Sein Hylomorphismus bringt Materie und Form in Beziehung. Die Materie (Hyl) ist der Urgrund des Seins. Aber sie muss geformt werden. Zur Materie muss die Form kommen, die Individualität, damit etwas ist. Und was sagt die Physik dazu? Wir, jeder einzelne von uns, sind geformt aus Teilchen, die im Urknall (oder was auch immer „am Anfang" gewesen sein mag) und kurze Zeit später entstanden sind. Die Materie = Atome allein machen nicht den Menschen (oder den Tisch oder den Pudding) aus. Der Zusammenhalt in einer Form muss dazukommen.

Wenn nun ein Schamane sagt: dieser Stein ist von großer Heilkraft, den lege ich auf meinen Altar und mit dem heile ich, und der nächste Schamane sagt, dieser Mann hat vor 400 Jahren gelebt und er war ein sehr mächtiger Schamane, deshalb kommt er noch heute zu mir, um die Menschen zu heilen, dann besagt das zuerst einmal, dass unsere beiden Schamanen zwei unterschiedliche Personen sind mit unterschiedlichen Eigenschaften und Vorlieben. Nicht jede Ausformung von Geist oder Ausprägung von Geist kann für jeden gleich gut funktionieren[40].

Für den einen funktioniert eines dieser amorphen Lichtgebilde, das sich in Stein manifestiert, für den anderen funktioniert eine dieser sich bildenden amorphen Bewegungen in dem Bild verstorbener Schamanen besser. Und dem nächsten manifestiert sich das abstrakte Schleiergebilde in der Form eines Bären, eines Generals oder der Jungfrau Maria, je nach Kulturkreis. Es hat sich eingekleidet.

Nun setzt der Schamane sich an seinen Altar, baut vor sich die Sachen auf oder die Schamanin zieht sich ihren Schamanenmantel an und setzt sich die Schamanenkappe auf. Sie fängt an zu trommeln oder Helfer trommeln, wie etwa in Amerika. Wie auch immer, die Schamanen folgen einer tradierten Prozedur, einem Verfahren, das in seinem oder ihrem Volk überliefert ist, das nicht uralt ist, sondern auch in ständigem kontrollierten Wandel begriffen war und ist. Dann kommen die Geister, die die Schamanen sehen und alle anderen Anwesenden sehen sie nicht.

---

[40] Der Einfachheit halber habe ich an dieser Stelle außer Acht gelassen, dass in manchen schamanischen Kulturen die Zahl der sogenannten „Geisthelfer" der Schamanen enorm groß sein kann. Die Anzahl der Geister steht dann auch oft für die Macht und Größe eines Schamanen.

Vom Geistersehen

Wieso ist das so? Wieso kann sie oder er Geister sehen und wir normalen Leute nicht? Anstatt zu spekulieren, sollten wir genau hinsehen, worin der Unterschied besteht. Der Unterschied liegt offensichtlich in der Wahrnehmung. Wenn einer mehr sieht als ein anderer, hat er ein besseres Wahrnehmungsvermögen. Vielleicht besitzt er Hilfsapparate, wie Kernspintomographen, Elektronenmikroskope oder Radioteleskope. Ganz offensichtlich verfügt der Schamane aber über keine Apparatur, also muss die Technik in ihm selber zu finden sein. Wir fragen uns, wie ist sie in ihn hineingekommen, beziehungsweise wie ist er dahin gelangt, über erweiterte Wahrnehmungsmittel zu verfügen? Diese erweiterte Wahrnehmung ist offenbar ein Talent, das durch Üben und Lernen weiterentwickelt wurde.

Die Welt, wie wir sie wahrnehmen, ist eine Konstruktion. Die Wahrnehmung der Welt wird sowohl in der Quantenphysik als auch in der Psychologie als Konstruktion begriffen. Wahrnehmung wird erst einmal erlernt. Der staunende Blick eines Säuglings, der versucht, die Welt zu erfassen, unterscheidet anfangs nicht und lernt das Überlebensnotwendigste zuerst. Er erkennt das Gesicht seiner Mutter. Von da an wird die Unterscheidung dessen, was der Mensch wahrnimmt, immer differenzierter. Die Vielfalt der Dinge wird wahrgenommen und benannt. Sie wird strukturiert durch eine Prioritätenliste. Diese Prioritätenliste orientiert sich an dem Überlebensnotwendigen und an den Werten der Gesellschaft, in der das kleine Individuum groß wird. Gegenstände, Gerüche, Töne, Geschmäcke werden bewertet in angenehm oder unangenehm, wertvoll, wertlos, edel, schmutzig.

Zum Beispiel das Schwein. Bei uns löst es Assoziationen aus von Glück und Lottogewinnen, während es im jüdischen und muslimischen Kulturkreis Assoziationen von Unreinheit hervorruft und in der Südsee Reichtum und Status bedeutet. Diese Konstruktionen, die wir erlernen, bilden unsere Weltsicht und unserer Wirklichkeit. Unsere konstruierte Weltsicht beinhaltet auch eine Einteilung in existierende Dinge und nicht existierende Dinge. In unserer Kultur kommt die Erkenntnis, dass der Weihnachtsmann und der Osterhase nicht existieren einer Initiation im Kindesalter gleich. Diese Erkenntnis, dass Weihnachtsmann und Osterhase nicht existieren, ist ein Sprung in eine positivistische Weltanschauung. Das Kind ist aus der Welt der Märchen und Mythen in der entzauberten Realität gelandet.

Aber so klar ist das Ganze gar nicht. Man muss nur in der Vorweihnachtszeit einen Stadtbummel machen oder den Fernseher anstellen, Weihnachtsmänner in Hülle und Fülle. Natürlich existieren Ideen genauso wie reale Gestalten. Ich wurde von geistig behinderten Erwachsenen einmal gefragt, ob der Weihnachtsmann nun existiere oder nicht. Ich habe versucht zu erklären, dass er sowohl existiert, als auch nicht. Man kann beides sagen. Diese Gruppe von Menschen hatte das Gefühl, dass die Frage der Existenz des Weihnachtsmannes noch nicht befriedigend geklärt war. Das zeigt ihre geistige Unbestechlichkeit.

Weitere Gestalten, deren mögliche Existenz nicht in Erwägung gezogen wird, können Angst bereiten. Kinder haben oft Nachtangst und berichten dann vielleicht von etwas, das in ihr Zimmer kommt. Man erklärt dem Kind immer wieder geduldig und liebevoll, dass dort nichts ist, man lässt ihm ein kleines Nachtlicht an, macht vielleicht die Schränke auf, um zu zeigen, dass wirklich nichts da ist und dass es das, was es glaubt, wahrzunehmen, nicht gibt. Das wird solange wiederholt, bis das Kind daran glaubt, dass es nicht existiert und diesen Glauben internalisiert. Dann nimmt es auch nichts mehr wahr.

Bei den Lakota Indianern habe ich einen anderen Umgang mit Nachtangst bei Kindern erlebt. Ein Kind, das wiederholt nachts Angst hat und als Grund dafür angibt, dass nachts etwas in sein Zimmer kommt, wird zum Medizinmann gebracht. Der Medizinmann macht eine Zeremonie, um zu sehen, was das Kind ängstigt. Einmal kam dabei heraus, dass nichts da war und die Eltern eine liebevollere Atmosphäre in ihrem Haus schaffen sollten. Ein anderes Mal sagten die Geister dem Medizinmann, dass ein Ahne nachts nach dem Kind sieht. Dem Kind sagte er, dass dies eine Ehre sei, über die es sich freuen könnte. Der Ahne würde es beschützen. Oder aber es wurde festgestellt, dass dort irgendwelche unguten Kräfte lauerten und erstmal versucht werden sollte, Kräuter zu verbrennen und Opfergaben aufzuhängen. Es wurden also ganz unterschiedliche Gründe von den Schamanen für Nachtangst bei verschiedenen Kindern ausgemacht.

Aber man muss noch nicht mal in ferne Kulturen schweifen, um den Einfluss verschiedener Weltbilder auf die Sozialisation und damit auf die Wahrnehmung zu betrachten.

Der Neurologe Oliver Sacks beschreibt den Fall eines zehnjährigen Jungen, der in einer agnostischen Familie aufwuchs. Eines Morgens, als er aufwachte, schwebte eine Frau in einem blauen Gewand und von Licht umgeben vor seinem Bett. Sie teilte dem Jungen mit, sie sei sein Schutzengel. Der erschreckte Junge lief zu seinen Eltern, die ihm diese Erfahrung als Traum zu erklären versuchten. In Folge dieses Geschehens, dass das Wertesystem seiner Familie zu untergraben drohte, wurde der Junge zunehmend abgelenkt und ruhelos und zog sich immer mehr zurück. Die Eltern konsultierten einen Kinderarzt. Eine psychiatrische Untersuchung und eine Psychotherapie folgten[41].

Wäre der Junge in einer gläubigen katholischen Familie aufgewachsen, wäre ihm diese Traumatisierung durch Pathologisierung erspart geblieben.

[41] SACKS, Oliver 2016

Durch die ständig wachsenden Forderungen der Alltagswelt wird diese große Offenheit der Kinder zunehmend reduziert, so dass im Erwachsenenalter auch bei Völkern mit schamanischer Tradition nicht jeder die Wahrnehmung eines Schamanen haben kann. Wenn die Konstruktion der Welt abgeschlossen ist, ist der Zugang zur Wahrnehmung nicht materiell existierender oder geistiger oder ideeller Phänomene mehr oder weniger verschüttet. Gänzlich verschüttet ist er in Kulturen mit materialistisch-positivistischer Weltanschauung. In diesen Kulturen sind Menschen mit unvollständig verschlossenen Zugängen, also schlecht enkulturierte Individuen, wahrscheinlich häufig in Psychiatrien anzutreffen.

Die Wahrnehmung ist dem Bewusstsein und den Werten einer Kultur angepasst worden und das Weltbild, ja die Welt des Individuums ist auskonstruiert worden. Der werdende Schamane muss nun die Welt dekonstruieren. Er muss sie wieder auflösen und das geht nur, indem er die eigene Person auflöst.

Verschiedene Kulturen haben jeweils eigene Techniken zur Dekonstruktion entwickelt[42]. Dekonstruktion kann zum Beispiel durch die Einnahme psychoaktiver Drogen wie dem Fliegenpilz im eurasischen Raum, Peyote in Mittelamerika und Nordamerika und Ayahuasca in Südamerika erfolgen.

Oder die Dekonstruktion erfolgt durch Trance und Ekstase. Diese beiden Begriffe sind leider Gummibegriffe, von Kulturwissenschaftlern ins Feld geführt, die selber keine Ahnung von diesen Zuständen hatten, die sie zu beschreiben versuchten. So werden die beiden Begriffe mal

---

[42] Bei der Verwendung des Begriffes „Dekonstruktion" beziehe ich mich nicht auf Jacques Derrida und den Dekonstruktivismus. Das Gegenteil vom Aufbau oder Errichten (Konstruktion) eines Weltbildes wäre der Abbau oder Abriss eines Weltbildes. Diese Begriffe haben aber eine grössere Nähe zum Begriff der Vernichtung, was nicht intendiert ist. Es geht mir nicht um die Vernichtung eines Weltbildes, sondern um eine Dekonstruktion, bei der sozusagen die Elemente weiterhin zur Verfügung stehen und nach Belieben zusammengefügt und auseinandergenommen werden können.

synonym gebraucht, mal als passiver Zustand (Trance) und aktiver Zustand (Ekstase) angewendet. Oder genau umgekehrt. Die Definition ist stetem Wandel unterworfen.

Neuere Erfahrungen und Untersuchungen haben ergeben, dass eine Trance am leichtesten zu erzielen ist mit Trommeln und/oder Rasseln, die mit einem Beat von 210 Schlägen pro Minute gespielt werden. 1987 und 1990 wurde der Trancezustand mittels der Messung des Gleichspannungspotenzials des Gehirns nachgewiesen[43].

Als drittes ist noch die Dekonstruktion durch Einsamkeit, Gebet, Meditation und Fasten zu erwähnen. Man könnte einwenden, dass diese Dekonstruktionstechniken ja nicht nur von den angehenden Schamanen ausgeübt werden, sondern ebenso von Laien in diesen Kulturen, in diesen Völkern. So haben bei den Sibirern nicht nur die Schamanen die Fliegenpilze genossen, sondern alle bei der Zeremonie Anwesenden. Das gleiche gilt heute noch bei südamerikanischen Heilungzeremonien mit Ayahuasca und dem San Pedro Kaktus.

Auch Trance und Ekstase wurden und werden nicht nur in schamanischen Kulturen ausgeübt, sondern sind tradierte Destruktionsformen in vielen Religionen, auch in christlichen. Bei den Quakern und den Shakern, die durch ihre formschönen Möbel bekannt wurden, wurde Trance in ihren Gottesdiensten induziert. Sie redeten dann in Zungen oder versetzten sich in eine Schütteltrance, beides typische Formen der Trance[44]. Viele Pfingstgemeinschaften kennen die Trance im Gottesdienst[45].

Tranceinduktionen durch schnelle Rythmen sind auch im afrikanischen Kulturbereich verbreitet. Wobei nicht jedes afrikanische Trommeln dem Ziel dient, Trance hervorzurufen. Leider werden oft Fernsehbilder, die zeigen, wie es sich die Leute auf einem Fest gut

[43] NAUWALD, Nana/GOODMAN Felicitas 1998
[44] KEENEY, Bradford 2007
[45] GOODMAN, Felicitas in Wikipedia

gehen lassen und ausgelassen tanzen, gerne mit Trancetanz gleichgesetzt, nur weil das gerade in Afrika stattfindet.

Die Isolation, das Fasten und Meditieren sind weltweit verbreitet. Eremiten kennt zum Beispiel der Buddhismus und das Christentum. Visionssuchen sind heute noch bei nordamerikanischen Indianern üblich und aus Sibirien und von den Inuitschamanen bekannt. Auch hierbei gibt es von der Visionssuche bis zum Retreat Techniken, die von Laien wie von Profis ausgeübt werden.

Der Unterschied zwischen einem Laien und einem Schamanen ist in etwa vergleichbar mit dem Unterschied zwischen mir und Mozart, was musikalische Darbietungen angeht. Ich habe da ein gewisses Talent wie alle Menschen und erfreue mich an meinem dilettantischen Spiel auf Musikinstrumenten. Allerdings bin ich auch aus gutem Grund mein einziges Publikum. Mozart hingegen war ein musikalisches Genie. Er steht ganz oben an der Spitze der Pyramide, in der ich mich in den breiten Niederungen wieder finde. So hat jeder Mensch ein gewisses spirituelles Talent. Auf Grund dieses Talentes kann er Mittel der Dekonstruktion bemühen und bis zu einem mehr oder weniger bescheidenen Grad erfolgreich sein. Bei einem sehr Talentierten hingegen fallen diese Techniken auf fruchtbaren Boden. Der sehr Talentierte fühlt sich von den Techniken angezogen und in ihnen zuhause. Er will mehr davon und kann kreativ mit dem Erlernten und Erfahrenen umgehen, egal ob es sich hier um Mathematik, Musik oder Schamanisieren handelt.

Seine eigene haarsträubende und langwierige Dekonstruktion beschreibt Carlos Castaneda in seinen ersten drei Büchern[46]. Da wird der sich ständig wehrende westliche Zivilisationsmensch langsam aufgebrochen und seine Welt all ihrer Gewissheiten beraubt. Die Frage nach

---

[46] CASTANEDA, Carlos 1968, 1971, 1972

der Authentizität von Castanedas Erlebnissen erscheint mir neben-
sächlich. Wirklich interessant ist die große Resonanz und Begeisterung,
die seine Bücher in den 1970er und 1980er Jahren auslösten. Als hätten
wir auf diesen Aufbruch – im doppelten Sinn des Wortes - gewartet.
Das Einreißen der eigenen Welt hätte in den fünfziger Jahren wahrscheinlich keinen Hund hinter dem Ofen hervorgelockt.

Kann man erweiterte Wahrnehmung lernen? Erlernt werden muss das
sich Hineinfinden, sich Auskennen und Bewegen in anderen Bewusst-
seinszuständen. Dies geschieht durch Üben, indem man sich immer
wieder in diese anderen Zustände begibt. Dadurch werden ein anderes
Bewusstsein und eine andere Wahrnehmung trainiert. Durch die Techniken der Dekonstruktion amorph geworden, nähert sich der Mensch
nun dem Geist an, der seiner Natur nach amorph ist.

Dann beginnt irgendwo in einem Zwischenraum das Einkleiden. Eine
neue Konstruktion wird durch eben diesen Vorgang des Einkleidens erschaffen. Eine Konstruktion, die dem Geist eine neue Form verleiht.

Dekonstruktion wurde in der europäischen Kultur ausschliesslich
als pathologisch angesehen. In der Ethnologie und der Religionswissenschaft wurde folglich von einigen die Meinung vertreten, wonach
die Wahrnehmung von Geistern seitens der Schamanen Symptom
einer schizoiden Persönlichkeitsstörung sei, die aus einem Krankheits-
bild, das als „arktische Hysterie" bezeichnet wurde, entstanden sein
soll. Ich glaube, dass heutzutage kein Ethnologe oder Religionswissenschaftler mehr dieser Auffassung ist, weil sie doch einige Ungereimt-
heiten aufwies. Schamanisieren kommt nicht nur in der Arktis vor,
sondern auch im Regenwald oder in Australien. Schamanen zeichnen
sich durch intakte lebenspraktische Fähigkeiten und eine normale Integration in die Gemeinschaft aus. Meist wurde bei Schamanen auch
eine hohe Intelligenz festgestellt.

Die Geister als eingekleidete und Form gewordene geistigen Entitäten oder „Wirks" (wie der Physiker H.-P. Dürr vielleicht sagen würde) verleihen dem Schamanen Handlungsfähigkeit, denn jetzt hat er ein Gegenüber. Beim Schamanisieren entstehen oft sogenannte paranormale Phänomen, wie Lichterscheinungen, Geräusche oder Teleportation. Diese Phänomene werden nicht angestrebt, sondern sind Nebenprodukte.

Die Lakota halten eine „Geisterbeschwörung" zum Zweck der Herbeiführung paranormaler Phänomene für extrem gefährlich. So ist das Auftreten solcher Phänomene zwar ein Zeichen für echten Schamanismus (sofern sie nicht getrickst sind), aber das Ziel jeglichen Schamanisierens muss in der Wiederherstellung des Gleichgewichtes eines Menschen, der Gruppe oder anderer Verhältnisse sein. Nur dann sind paranormale Phänomene ungefährlich.

In einer Schwitzhüttenzeremonie, an der ich mit etwa 30 Frauen in den USA im Reservat teilnahm, hörten alle eine Adlerknochenpfeife über den heißen Steinen pfeifen. Zwischen den etwa 40 rotglühenden Steinen und der niedrigen Decke des Weidenzeltes war aber nur Wasserdampf von an die 100 Grad und sonst nichts. Die Adlerknochenpfeifen haben außerdem einen Anblaskeil aus Bienenwachs. Der wäre sicher in kürzester Zeit über den Steinen geschmolzen ganz zu schweigen davon, dass niemand dort oben über längere Zeit ein Pfeifchen hätte blasen können. Der Ton, den wir alle hörten, hatte offenbar keinen materiellen Träger.

Ein Argument für den Ursprung paranormaler Wahrnehmungen im Außen und nicht in intrapsychischen Prozessen sind intersubjektive Erfahrungen, die mehrere Menschen gleichzeitig in einem transpersonale Erfahrungsbereich machen.

Transpersonale Erfahrungen gehen über „normale" Erfahrung hinaus und sind überpersönlich. Hierfür möchte ich weitere Beispiele anführen.

Ein interessantes Phänomen sind heautoskopische „Halluzinationen". Bei diesen Erscheinungen sieht man sich selber, plötzlich und unerwartet. Moody beschreibt einen Fall, wo ein junges Paar im Auto vor dem Haus der Eltern der jungen Frau sitzt und plötzlich in den Bäumen sich selber sieht. Die „Doubles" agierten ganz normal, unterhielten sich und gingen hier hin und dort hin. Das Pärchen im Auto sah dem Treiben in den Bäumen ziemlich ratlos eine halbe Stunde zu. Dann brachte der junge Mann seine Freundin ins Haus. Als er wieder herauskam, sah er immer noch sich und seine Freundin hoch oben in den Bäumen agieren. Er fuhr dann einfach weg[47].

Ich selber hatte so ein Erlebnis vor einem Supermarkt. Ich saß in unserem Kleinbus auf dem Fahrersitz, neben mir ein Jugendlicher und sein Erzieher auf der Beifahrerbank. Die Frage war, ob die beiden nun in den überfüllten Supermarkt hineingehen wollten, oder nicht. Plötzlich sagt der Junge zu mir: „Guck mal, da bist du doch!" Und tatsächlich sehe ich mich gerade noch in den Supermarkt entschwinden. Ich fand das so unheimlich, dass ich nicht hinterher gegangen bin, um mich zu suchen. Ich blieb im Auto sitzen. Der Jugendliche und sein Erzieher liefen aber gleich los. Aber „ich" war im Laden nicht mehr auffindbar.

Alle drei beschriebenen Erfahrungen waren intersubjektiv, das heißt, etwas wurde von mehreren Menschen gleichzeitig wahrgenommen. Der Ausdruck „intersubjektiv" ist eine Alternative zu dem Gegensatzpaar „objektiv" und „subjektiv". Denn wer kann schon sagen, was „objektiv" über den heißen Steinen pfiff oder in den Baumwipfeln Konversation betrieb?

---

[47] MOODY, Raimond 1988

Das Problem, ob schamanisches Heilen intrapsychischer oder extrapsychischer Natur ist, bleibt ein Dauerbrenner, denn auch die oben angeführten Wahrnehmungen geben keine eindeutige Antwort auf diese Frage. Zum Beispiel beschreibt ein Zweig der modernen Parapsychologie nach dem russischen Psychologen Alexandr N. Aksakow sogar paranormale Erscheinungen, die auf einer transpersonalen Ebene intersubjektiv wahrnehmbar sind, als Projektionen psychischer Inhalte nur eines Individuums[48].

Schamanisieren und Kunst

Nach den Gegensatzpaaren intrapsychisch-extrapsychisch und Konstruktion-Dekonstruktion soll hier ein weiteres Paar in Beziehung zum Schamanisieren gesetzt werden.

Abstraktion und Naturalismus sind Begriffe, die uns aus der Kunstgeschichte bekannt sind. Nicht von ungefähr eignen sie sich für eine Annäherung an den Schamanismus. Denn die schamanische Zeremonie ist ein Gesamtkunstwerk. Die Heilungszeremonie hat, wie die Performance keinen statischen Charakter.

Schamanische Rituale sind oft von der wissenschaftlichen Betrachtungsweise in ihre Elemente aufgeteilt oder durch die verwendeten Objekte eingeordnet worden. Will ich etwas betrachten, analysieren, vergleichen, einordnen, muss ich es anhalten, muss ich es sozusagen zum Ding machen. Ein Beispiel: wenn ich Schillers „Die Räuber" psychoanalytisch oder marxistisch-leninistisch oder christlich-fundamentalistisch analysieren und interpretieren möchte, interessiert mich die Aufführungspraxis, das Sich-vollziehen des Stückes in Raum und Zeit, die Prozesshaftigkeit also, überhaupt nicht. Mir reicht das Reklamheft.

[48] AKSAKOW, Alexandr. N. in www.sphinx-suche.de

Dabei geht das Prozesshafte als wichtiges Element des Schauspiels (und des Rituals) verloren.

Die schamanische Zeremonie als Gesamtkunstwerk und Performance beinhaltet Musik (Gesang, Trommeln, Rasseln), Tanz, Theater (Pantomime, Kostüm), Skulptur, (Objets trouvés, Schnitzereien), Installationen (gestaltete Altäre voll individueller, abstrakter Objekte) und Erscheinungen von Lichtern und Tönen ausgehend von nicht identifizierbaren Trägern.

Und wozu das Ganze? Das alles dient zur Anziehung und Aktivierung von Geistern und Geist, der ja selber abstrakt ist.

Den Prozess der fortschreitenden Zivilisierung kann man als Prozess der fortschreitenden Konkretition bezeichnen. Die Worte Geist und Chaos haben denselben etymologischen Ursprung. Durch den Sieg des Naturalismus und den Verlust der Abstraktion entsteht Kontrolle, die Zähmung des Chaos.

Warum ist primitive Kunst so primitiv? Weil die das nicht besser können? Diese eurozentrische Sicht der Dinge verfängt nicht mehr. Die Schöpfer abstrahierter Kunstwerke von der Arktis bis Afrika wussten, was sie taten. Durch Verlust der Abstraktion schwindet auch die Anlockung, Präsenz und Verstärkung des Geistes. Mit naturalistischen Blumenbildern verursacht man keine Trance.

Die wieder gefundene Abstraktion in der Kunst und der Musik der Moderne hat das Unwägbare wieder eingeführt. Die Reduktion der Kontrolle, obwohl angstbesetzt, wurde um die Jahrhundertwende vom 19. zum 20. Jahrhundert gewagt. Die Abstraktion hielt erneut Einzug in das Bewusstsein und zwar auf breiter Ebene: Malerei, Musik, Relativitätstheorie, Quantenmechanik, Psychoanalyse, Jazz und seine Improvisationen.

Alle prozesshaften Kunstformen, wie Musik, Theater und Tanz waren einst gezähmt, mit naturalistischen Elementen versehen oder, wie in der Musik, mit festen, bindenden Strukturen wie Tonalität, Rhythmus, Kompositionslehre als Maß des Anstands versehen worden und der Anstand wurde zum Maß. Jetzt aber wurde der Prozess selber wieder in den Mittelpunkt gerückt.

Joseph Beuys: I like America and America likes me[49]

Der deutsche Künstler Joseph Beuys flog 1974 nach New York und ließ sich in Filz eingewickelt direkt vom Flughafen in eine Galerie fahren, wo er drei Tage lang acht Stunden täglich in einem Raum mit einem Coyoten verbrachte. Nach dieser intensiven Erfahrung und dem gegenseitigen Aufbau einer Beziehung, ließ er sich, wieder in Filz eingewickelt direkt zum Flughafen fahren, von wo er nachhause flog[50].

[49] Quelle: Google Bilder
[50] BEUYS, Joseph in Wikipedia

„Beuys nahm das Tier in seine Aktion auf, weil er in ihm die elementaren Kräfte sah, die die einstigen spirituellen Energien der Indianer, aber auch deren Vertreibung, Umsiedlung oder Ermordung definierten"[51]

Sowohl der Schamanismus als auch die prozessorientierte Kunst braucht das rituelle Setting, um uns eine andere Wahrnehmung und Datenverarbeitung zu erschließen. So war es nur eine Frage der Zeit, dass das Schamanentum wieder in den Fokus des westlichen Menschen rückte.

Wir lösen uns heraus aus der Ebene der Kausalitäten, wir halten die Welt an, steigen aus ihr aus und geraten ins Fließen. Echtes Schamanisieren und echte Kunst können das im Menschen bewirken.

Nicht nur die Teilnehmer an Zeremonien brauchen eine Vorbereitung, um ihr Bewusstsein, sogar ihre Gehirnwellen zu ändern, sondern auch die Schamanen. Sie legen ihre Schamanenmäntel und ihre Kappen zurecht, oder packen den Koffer mit den Gegenständen ihres Altars aus. Der Schamanenkünstler Joseph Beuys musste sich in Filz gewickelt, von der Umwelt isoliert in den „Altarraum" der Galerie bringen lassen. Es kommen Menschen in die Galerie oder zur Zeremonie und setzen sich erwartungsvoll in einen Kreis oder längs der Wände hin. Kräuter werden verräuchert.

Die Gegenstände auf dem Altar der Schamanin sind Behältnisse mit Aufforderungscharakter an die Geister oder den Geist. Der Gesang, das Trommeln oder Rasseln sind die Signale, die die Verbindung herstellen und das gesprochene Wort in Impulse umwandeln.

Jetzt kleidet sich nicht nur der Geist ein, sondern auch die Schamanin. Sie tanzt mit dem, von Bronzespiegeln und Eisenteilen behangenen Mantel, dass es nur so klirrt und scheppert. Geist kommt und tanzt mit.

---

[51] BEUYS, Joseph in Wikipedia

Niemand der Teilnehmer denkt mehr an die Heizkostenabrechnung oder die nächste Urlaubsreise. Die Schamanin ist in einen völlig anderen Zustand eingetreten. Im Körper ist ein Rauschen, die Muskeln fühlen sich warm und geschmeidig an, das Bewusstsein ist Impuls, Drängen und Aktion.

Alles fließt.

Sowohl das Erscheinen eines Bärengeistes auf einer Zeremonie als auch eines Coyoten in einer New Yorker Galerie können Sprachlosigkeit, Staunen und die Unfähigkeit, dem Geschehen eine Sinn zuzuschreiben, auslösen. Dadurch wird der Kunstbetrachter genauso wie der Patient offen und geschmeidig (für eine Heilung) gemacht.

Joseph Beuys äußerte sich dazu so: *„Warum ich mit Tieren arbeite, um unsichtbare Kräfte auszudrücken? - Sie können diese Energien sehr deutlich machen, wenn Sie ein anderes, längst vergessenes Reich betreten, indem unermeßliche Kräfte als große Persönlichkeiten überleben. Und wenn ich versuche, mit diesen spirituellen Wesen in ihrer Gesamtheit wie mit Tieren zu sprechen, wirft das die Frage auf, ob nicht jeder mit höheren Wesen, diesen Geistwesen und Gottheiten sprechen kann."*[52]

---

[52] BEUYS, Joseph in Wikipedia

Heilungszeremonie

Lakota Heilungszeremonien sind in der Literatur bereits mehrfach beschrieben worden[53]. Deshalb stelle ich sie nur in einer kurzen, verein-
fachten Beschreibung vor, wobei gesagt werden muss, dass der genaue
Verlauf einer Heilungszeremonie zwischen den Medizinleuten vari-
iert.

Medizinmänner und Medizinfrauen haben oft Hütten neben ihren
Häusern, in denen ausschließlich Zeremonien stattfinden. Aber auch
in leer geräumten Zimmern der Häuser der Patienten werden Zeremonien abgehalten. Vor der eigentlichen Zeremonie findet in der Regel
eine Schwitzhüttenzeremonie statt, in der bereits für den oder die
Kranke/n gebetet wird. Danach gehen die Teilnehmer in den vorgese-
hen Raum, der sich nun langsam füllt. Die Leute setzen sich auf Decken
und Kissen längs der Wände. Manche knüpfen noch Opfer- und Ge-
betsgaben aus farbigen mit Tabak gefüllten Stoffstückchen. Während
dessen bereitet ein Helfer des Medizinmannes den Altarplatz in der
Mitte des Raumes vor. Er breitet eine Decke aus und stellt vier mit Erde
gefüllte Dosen auf die Ecken. Im Westen wird eine fünfte Dose aufge-
stellt. Die Familienmitglieder des/der Kranken bringen große, mit
Essen gefüllte Kochtöpfe und Lebensmittel und stellen sie neben die
Decke. Dann betritt der Medizinmann mit seinem Koffer den Raum
und setzt sich in die Mitte der Decke. Er befestigt Gebetsfahnen an Stö-
cke, die er in die Dosen steckt. Dann baut er auf der Decke seinen Altar
auf. Er breitet Erde kreisförmig aus. Diese Erde ist das Kernstück des
Altars. Vor die Dosen legt er Rasseln aus Rohleder. Weitere persönliche
Gegenstände erhalten in der Nähe des Erdaltars ihren Platz: Steine, Ad-
lerfedern, präparierte Tierfelle mit Perlenstickereien verziert, Spiegel
und Ketten von bunten Opferbündelchen aus Stoff und Tabak.

---

[53] FERACA, Stephen E. 1998, LEWIS, Thomas H. 1992, POWERS, William K. 1982

Vorbereitung Lakota Heilungszeremonie[54]

Eine Petroleumlampe wird angezündet und das Licht wird gelöscht (soweit Elektrizität vorhanden ist). Der Medizinmann füllt die heilige Gebetspfeife, während die Sänger trommeln und ein getragenes Lied singen. Nachdem er die heilige Pfeife seiner Frau übergeben hat, die sie die ganze Zeremonie über hält und mit ihr betet, wird auch die Petroleumlampe gelöscht. Es ist stockdunkel. Die Sänger trommeln und singen viele Lieder hintereinander. Die Teilnehmer, die an den Wänden sitzen, singen laut mit. Irgendwann treten in der völligen Dunkelheit Lichter auf. Vielleicht werden auch alle durch heftige Schläge auf die Tür erschreckt. Dann lassen schwere Schritte die Dielen erzittern. Bald hört man die Rasseln an der Decke durch den Raum rasseln. Der Gesang verebbt und der Kranke steht im Dunkeln auf und betet laut um Heilung seiner Beschwerden. Dann beten die Anwesenden, einer nach dem anderen laut. Der Gesang beginnt von neuem. Die Rasseln

[54] FALARZIK, Dagmar 1984

berühren den Kranken an vielen Stellen des Körpers. Später berühren die Rasseln auch den einen oder anderen der Teilnehmer und Beter. Wenn der Gesang wieder verebbt, übersetzt der Medizinmann das, was die Geister dem Kranken und möglicherweise anderen Personen mitteilen möchten. Wieder werden Lieder gesungen, diesmal, um die Geister zu verabschieden.

Es wird Licht gemacht. Alle rauchen die Heilige Pfeife und trinken Wasser. Dann ist die Zeremonie beendet und nun verteilen die Familienmitglieder des/der Kranken die mitgebrachten Speisen an alle Anwesenden. Es sollte so viel da sein, dass man noch etwas mit nachhause nehmen kann.

Sobald das Licht wieder angegangen ist, packt der Medizinmann die Gegenstände seines Altars sofort in seinen Koffer. Denn die Altäre sind für die Geister da und nicht für die Menschen. Für die Teilnehmer der Zeremonie herrscht in der Finsternis nur Dekonstruktion durch Orientierungslosigkeit, das Gefühl der Raumlosigkeit und sogar das Gefühl der Verminderung der Erdanziehung. Die auftauchenden Lichter und Rasselgeräusche machen die Verwirrung komplett.

Einmal erlebte ich etwas Erstaunliches. Die Sänger, die in der rechten Ecke auf der gegenüberliegenden Seite des Raumes sangen und trommelten, bewegten sich plötzlich langsam in meine Nähe zur rechten vorderen Ecke. Dort verweilten sie eine Weile und bewegten sich dann wieder zur hinteren Ecke. Irgendwann erzählte ich das meinem Lakota Vater mit der abschließenden Bemerkung, dass ich dieses akustische Geschehen für eine Täuschung hielt. Er gab mir Recht! „Die Sänger haben sich nirgendwohin bewegt. Die Geister haben dich einfach nach vorne bewegt, auf die gegenüberliegende Wand zu. Und dann haben sie dich wieder zurück auf deinen Platz bewegt." „Aber warum?", fragte ich völlig verwirrt. „Weil sie dir etwas zeigen wollten."

Es ist eine Frage der Kultur und des Bewusstseins, ob und in wie weit man es aushalten kann, diese unerklärlichen Erscheinungen unerklärt zu lassen und in wie weit man das eigene Erleben der Auflösung, der Dekonstruktion aushalten kann und es nicht im Nachhinein wegerklären muss.

Je weiter das Geschehen konkretisiert und naturalistisch wird, umso weiter entfernt es sich vom Ursprung, vom Impuls des Geistes.

Wenn ich von der Visionssuche zurückkomme, ringe ich oft nach Worten, um meinen Freunden zu erzählen, wie es war. Schon die Beschreibung von etwas für mich völlig Realem, das ich erlebt habe, trifft es nicht und reduziert es zu etwas Bedeutungsarmen. Das Herunterziehen eines Prozesses in ein vermittelbares Bild bringt immer Qualitätsverlust mit sich. Je konkreter, eindeutiger, naturalistischer ein spirituelles Erleben sowohl erlebt als auch vermittelt wird, umso weiter entfernt ist es vom Geist und umso niedriger ist die Qualität des Systems, in dessen Rahmen das Erleben stattgefunden hat.

Im Laufe der Neuformulierung unseres Weltbildes wird der Materialismus abgelöst werden von einer Werteordnung, in der an oberster Stelle Beziehungen und Prozesse stehen.

Der Soziologe Hartmut Rosa schreibt dazu, dass das wissenschaftlich-rationalistische Weltbild den Beziehungsaspekt ausser Acht liess und lässt und *„die ‚Objekte' (die Wälder oder Steine, der Kosmos, …) kaum als Antwortende gedacht werden können. Wissenschaftlich-rationalitische Weltbeziehungen sind stumme Weltbeziehungen."*[55]

Das Sein, das Universum, ich als Person, der Stein zu meinen Füßen, der Baum und die Kuh sind Zustände in einem Prozess oder in vielen Prozessen, die in Beziehung zueinander stehen, in Beziehung treten, interagieren. Sie antworten, sie gehen in Resonanz.

[55] ROSA, Hartmut 2016, S. 290

Das Sein als Prozess und nicht als Ding und die Beziehung von Prozessen untereinander kennzeichnen sowohl eine vierdimensionale Bewusstseinsstruktur[56] als auch schamanisches Denken.

Deshalb ist der Schamanismus in unsere Welt neu eingezogen.

Das Naturalistische und Dinghafte ist statisch. Das Abstrakte ist nicht festgelegt und kann somit einen prozesshaften oder fließenden Charakter annehmen. Das Statische kann man sich aneignen. Man kann es besitzen. Das Prozesshafte kann nur erduldet werden. Und dieses Erdulden erzeugt Beziehung. Entweder lässt man sich auf den Prozess ein, dann geht man in eine Beziehung zum Schamanen und den Geistern oder zu Joseph Beuys und einem Coyoten, oder man verweigert die Beziehung. Lässt man sich ein, kommt man verändert aus dem Prozess heraus. Lässt man sich nicht ein, kommt man unverändert aus dem Prozess heraus, aber in beiden Fällen mit leeren Händen.

Schamanisieren und Placebo

Was aber heisst „sich einlassen", in Bezug zu dem Mann, der von einem Lakota Medizinmann geheilt wurde? Da alles Beziehung ist, hatte auch er selber seine Aufgabe im Heilen zu erfüllen. Das betrifft nicht nur die Auflagen zur Lebensführung, sondern insbesondere seine Haltung zur Zeremonie.

Eine naive und etwas tumbe Meinung besagt ja, dass so etwas nur hilft, wenn man daran glaubt, was aber nicht den Kern trifft. Vielmehr ist eine innere Haltung gefordert, die Möglichkeiten nicht ausschließt. Das betrifft sowohl die Patienten, als auch die Schamanen.

Unser westliches „Daran-glauben" ist entweder traditionell religiös begründet oder es hat etwas Brachiales, wie bei frischbekehrten Konvertiten oder New-Age-Adepten. Da hat man eine Wahrheit gefunden.

[56] GEBSER, Jean: Ursprung und Gegenwart 1996

Man ist im Besitz der einen Wahrheit, die exklusiv ist, was bedeutet, das es keine anderen Wahrheiten gibt. Der Patient, der in dieser Geisteshaltung zu einem geistigen Heiler oder Schamanen geht, glaubt dann ganz fest und angestrengt an den Erfolg der Heilung. So unentspannt fließt nichts.

Ich machte einmal eine Gebetsbehandlung für einen Freund (Automechaniker), der sich nie mit Spiritualität, Religion oder Transzendenz befasst hatte. Er sagte: „Ich habe von so etwas keine Ahnung, aber ich kenne Dich schon so lange, dass ich sicher bin, dass du weißt, was du da tust. Ich denke also einfach nur: „macht mal!" Die Behandlung war erfolgreich.

Was hatte der Freund mit den Lakota Patienten gemeinsam? Er öffnete sich zur Existenz von Möglichkeiten eines höheren Geistes oder einer Energie oder was auch immer, ohne sie durch eigene Gedanken, Bilder und Bewertungen einzuengen.

„Daran glauben" klingt nach dem Placebo Effekt. Wie wirken Placebos? Die allgemeine Ansicht lautet, dass der Kranke fälschlicherweise annimmt, dass in der Pille ein potenter Wirkstoff sei. Man muss daran glauben, dann hilft es. Der Umkehrschluss wäre, dass die Pille nicht wirken würde, wenn der Kranke wüsste, dass es sich um ein Placebo handelt. Dem ist allerdings nicht so[57].

Heute schlagen Ärzte ihren Patienten vor, es einmal mit einem Placebo zu versuchen. Er weiß also Bescheid. Dem Patient wird erklärt, was das ist. Wenn er einverstanden ist, wird das Placebo speziell für ihn in der Apotheke angemischt und er wird es laut Verordnung einnehmen. Dieses offengelegte Verfahren zeigt Heilerfolge. Das rituelle Setting wird beibehalten: ein Arzt des Vertrauens im weißen Kittel füllt

---

[57] 2010 zeigte erstmals ein Studie der Harvard-Universität (Ted Kaptchuk), dass Pacebos auch wirken, wenn dem Patienten bekannt ist, dass sie keine Wirkstoffe enthalten (in Dispenza, Joe 2014).

ein Rezept aus, dass ein Apotheker in weißem Kittel entgegennimmt und mit Tabletten samt Verordnung dem Patienten aushändigt, der sie pflichtgemäß „3 x täglich 1 vor dem Essen" einnimmt.

Das rituelle Setting und sein Materie gewordenes Medikament öffnen Räume im Patienten. Normalerweise werden diese geöffneten Räume sofort wieder mit Molekülen besetzt, beim Placebo aber nicht. Der offene Raum hat dem Körper einen neuen Freiraum geschaffen, in dem er sich reorganisieren und restrukturieren kann. Vielleicht liegt hier auch die Ursache für Unterschiede in der Wirksamkeit des selben allopathischen Medikamentes. Ein schlechtes rituelles Setting (Arzt, Apotheker, Patient) schafft geringe oder keine Freiräume und so finden die Wirkstoffe wenig Akzeptanz. Bei einem guten rituellen Setting kann der Wirkstoff seine ganze Kraft entfalten.

Die Verabreichung von Placebos, bei der der Patient über das Placebo aufgeklärt wird, verlangt ein neues, differenziertes Erklärungsmodell als „Glaube" (im Sinne von fälschlicher Annahme).

Das soeben vorgestellte Erklärungsmodell neuer geistiger, das heißt nicht materiell lokalisierbarer Freiräume als Schaltstelle für Genesung, hat den Vorteil, den Gegensatz zwischen Glauben und Wissen, an etwas glauben oder daran zweifeln, aufzulösen.

Wird auch der Gegensatz zwischen innen (intrapsychisch) und außen (Geister) aufgelöst?

Schamanische Heilungen würden in diesem Modell durch ihr rituelles Setting im Kranken einen Freiraum eröffnen, der mit Information angefüllt werden kann.

Die Informationen können zwei Ursprungsorte haben, zum einen eine immanente Körperintelligenz, die stets versucht, durch Selbstregulierung einen Soll-Zustand zu erhalten, oder wieder herzustellen, sobald er Schwankungen unterliegt, und zum anderen, falls das nicht ausreicht, die Einfuhr externer Informationen mit oder ohne materielle

Träger, wie Heilpflanzen (Informationen in materiellem Trägerverbund), oder geistige Wirkmächte (kein materieller Träger) und dazwischen liegend die Homöopathie (materielle Anbindung von Information an einen funktionslosen Träger durch einen standardisierten Prozess).

Wahrnehmungs- und Kommunikationswege beim Schamanisieren

Wie schamanisieren Schamanen? Womit arbeiten sie? Da das Schamanisieren auf der ganzen Welt zu finden ist, haben die schamanischen Techniken unterschiedliche Ausprägungen. In allen Formen finden sich aber ähnliche, grundsätzliche Vorgehensweisen, aus denen die schamanischen Techniken bestehen.

Schamanische Techniken werden nicht erlernt wie Rad fahren oder die Multiplikation. Sie werden auch nicht ausgeübt wie Radfahren und die Multiplikation. Sie sind meist Spezialisten oder Betrügern vorbehalten. Die Betrüger interessieren an dieser Stelle nicht.

Die Praktizierenden stellen offensichtlich einen Kontakt zu etwas Anderem her, einem anderen nicht-stofflichen Raum, einem anderen nicht-stofflichen Wesen, anderen Informationen, einem anderen Geist, einer anderen Intelligenz.

Schamanen haben ein Bewusstsein, wie wir alle. Darüber hinaus haben sie aber offensichtlich „Werkzeuge", die die Grenzen des Bewusstseins überwinden. Im Rahmen der Dienstleistung solcher Spezialisten kommt zum personalen Bewusstsein ein transpersonales Bewusstsein hinzu, oder das personale Bewusstsein wird in Trance durch andere geistige Entitäten ersetzt. Transpersonal bedeutet, dass der Inhalt einer Information die Grenzen des Individuums überschreitet und nicht aus dessen persönlicher Geschichte stammen und erklärt werden kann.

Was bedeutet das praktisch?

Die Schamanin oder der Schamane hat oft hellsichtige Fähigkeiten. Das kann sich auf Vorkommnisse aus der Biographie des Klienten („als du 5 Jahre alt warst, hattest du ein gebrochenes Bein") oder auf entfernte Orte und Gegenstände beziehen („dein Fahrrad ist gestohlen worden, liegt jetzt aber bei den Booten").

Auf diese Weise erhalten Schamanen auch ihre Anweisungen zur Heilung der Patienten oder die Information, welche Heilpflanze angewendet werden muss.

Albert White Hat berichtet hierzu, dass die Medizinmänner seines Stammes, der Sićaṅġu Lakota, sich kaum ein Wissen um Heilpflanzen aneignen. Die Geister teilen ihnen während der Heilzeremonie mit, wie die Heilpflanze aussieht und wo genau sie zu suchen ist. Dort findet der Medizinmann anderntags die Pflanze. Es interessiert ihn nicht, wie sie heisst. Aber Medizinleute arbeiten auch mit Pflanzenkundigen, meist Frauen zusammen, die ihrerseits Informationen direkt von der Pflanze bekommen.

Albert White Hat: *„Eine Kräuterkundige erzählte mir, dass sie manchmal ein Gefühl überfällt, dass sie hinaus in die Prärie gehen muss oder hinunter zum Fluss. Wie sie dann zwischen den verschiedenen Pflanzen herumgeht, bemerkt sie, dass eine Pflanze sich hervorhebt, ganz so, wie jemand in einer Gruppe die Hand hebt und ruft: „Hey, hier rüber!" Sie sagte, dass sie so plötzlich von einer bestimmten Pflanze angezogen würde. Und wenn das passiert, geht sie zu der Pflanze und gibt Opfergaben für alle Pflanzen der Erde und auch Gebete, dass sie alle gesund sein mögen. Dann erst nimmt sie die Pflanze, die sie herbeigerufen hat. Solche Pflanzen werden Medizin. Pflanzenkundige verfügen über diese Gabe. Sie haben diese spezielle Verbindung mit der Pflanzennation."*[58]

Ohne Kommunikation wäre die optimale Pflanze nicht auf Anhieb zu finden und ohne Tabak (Gaben), der ja auch einen Austausch darstellt, würde die Heilpflanze sich nicht in ihrer vollen Wirkkraft zur Verfügung stellen.

Dies zeigt, dass die Fähigkeit zur Kommunikation mit Pflanzen, Steinen, Tieren oder Geistern eine elementare Voraussetzung für die Heilbehandlung oder eine sonstige schamanische Dienstleistung ist. Ein Hot Line zum Anderen muss erstellt und erhalten werden, um Information aus dem Anderen ins Hier herunterzuladen. Diese Hot Line wird von Schamanen oft als Öffnung oder Rohr bezeichnet.

Der grosse Oglala-Lakota Medizinmann Nicholas Black Elk (1863–1950) sagte: „...*und ich heilte mit der Kraft, die mir innewohnte. Freilich war nicht ich es, welcher heilte; es war die Kraft der jenseitigen Welt, und die Gesichte und Riten hatten mich bloß zu einer Öffnung gemacht, durch welche die Kraft zu den Zweibeinern gelangen konnte. Hätte ich geglaubt, dass ich von mir aus also wirke, so hätte sich die Öffnung geschlossen, und die Kraft wäre ausgeblieben; und alles, was ich hätte beginnen wollen, wäre Torheit gewesen.*"[59]

---

[58] „One herbalist (…) said that she sometimes gets a feeling that she needs to go out on the prairie or down to the river and that as she walks along among the different plants, all of them will just stick out, very similar to someone in a crowd raising their hands an yelling, „Hey, over here!" She said that she would suddenly become attracted to one particular plant. And when that happened, she would go to it and make offerings to all the plants of this earth and offer prayers that they would be healthy, and then she would take this plant that had called her. These are the plants that become medicine. Herbalists are gifted that way. They have that special connection to that (plant-) nation." (WHITE HAT, Albert/ CUNNINGHAM, John 2012), S.142

[59] SCHWARZER HIRSCH/NEIHARDT, John 2008, S. 192f.

Sein ebenfalls hoch angesehener Neffe, der Medizinmann Frank Fools Crow (1890-1989) sagte dazu: *„Wir sind lediglich Öffnungen. Aber da ich zum Kurieren hohle Knochen benutzt habe, fand ich es besser, mir die Medizinleute als kleine hohle Knochen vorzustellen."*[60]

Da aber nicht jede/r in der Lage ist, sich für Informationen aus dem „Anderen" zu öffnen, sie im Bewusstsein zu empfangen, scheint dieser Weg schwierig zu erlernen und zu begehen zu sein.

Beim Schamanisieren ist zwar der Zielort jeder Information das Bewusstsein des Schamanen, aber der direkte Weg der Information ins Bewusstsein scheint nicht möglich zu sein. Die schamanischen Trancetechniken weisen darauf hin, dass das Unbewusste als Wahrnehmungsinstanz hierbei eine große Rolle spielt. Auch die Kräuterkundige verspürt ihr Gefühl, dass sie von einer Pflanze gerufen wird, in einem Zustand, der als leichte Trance bezeichnet werden kann.

Das Unbewusste als Wahrnehmungsorgan ist ein aktives Instrument. Es beschränkt sich nicht auf die Funktion einer Ablage für Psychoschrott und Unanständigem. Als Wahrnehmungsorgan bedarf es der Schulung. Das unbewusste Wahrnehmen kann und muss ausgebildet und gefördert werden, um in einer Dienstleistung zuverlässige Daten zu liefern und nicht in vagen Intuitionen zu enden.

Zur Verdeutlichung sowohl der Wahrnehmung der Schamanen, von unten nach oben, also vom Menschen zum Geist, als auch der Fließrichtung heilender oder helfender Informationen von oben nach unten, vom Geist zum Menschen, soll hier ein Modell präsentiert werden.

[60] MAILS, Thomas E. 1991, S. 36

Vorbemerkung

Alles, was da „draußen" ist, ist in seiner Gesamtheit und Totalität nicht erfahrbar. Sei es ein Baum, ein Stein oder das Universum. Wir nehmen nur einen jeweiligen Ausschnitt wahr, begrenzt durch die Bandbreiten im Wellenbereich unserer Sinne.

Vom Ding an sich entwerfen wir Modelle. Modelle abstrahieren die Fülle des Seins durch zuschreibende Begriffe und reduzieren sie dadurch auf ein trauriges aber handhabbares Maß.

Ferner sind Modelle, die das Sein erklären, kulturabhängig. Wenn wir eine Möwe sehen, die vom Meer zum Land fliegt, sagen wir: „Da fliegt eine Möwe." Sibirische indigene Völker sagen aber möglicherweise: *„Der Geist des Ufers erscheint in einer Möwe, und ich kann dieses Zeichen verstehen."*[61]

Wenn ich also jetzt etwas darlege, etwas darzustellen versuche, so tue ich dies auch mit Hilfe eines Modells, das die Gesamtheit des Seins reduziert und außerdem seine Wurzeln in unserer Kultur hat.

Diese Art von Modellen trifft mehr oder weniger gut das Dargestellte. Sie sind nie „wahr", haben keine Dauer (in 50 Jahren wahrscheinlich veraltet) und sollten deshalb keinen anderen Anspruch erheben, als im Moment hilfreich für das Verständnis zu sein.

Das folgende Modell basiert auf dem Dualismus Bewusstsein – Unbewusstes[62]. Schon dieser Dualismus ist ein Konstrukt. Durch die Schaffung der Idee eines Unbewussten konnten Zusammenhänge erklärt werden, die vorher nicht oder falsch gedeutet worden waren.

Das psychoanalytische Modell des Unbewussten ist eben dies: ein Modell. Aber es ist hilfreich bei der Erklärung des Menschseins.

---

[61] SERKIN, Vladimir 2013, S. 40
[62] Das psychoanalytische Modell unterteilt den nichtmateriellen Aspekt des Menschen in Bewusstsein und Unbewusstes, umgangssprachlich auch Unterbewusstsein genannt. Die Frage ist, ob das ausreicht. Gerade in einem „religiösen" Zusammenhang kann diskutiert werden, ob die menschliche Spiritualität eine separate Kategorie darstellt. Gefühle, Emotionen und Triebe stehen in Wechselwirkung mit dem psychoanalytisch definierten Unbewussten. Sie sind mehr oder weniger leibgebunden und besitzen damit nicht den Freiheitsgrad der transpersonalen Fähigkeiten.

Die Informationsflüsse beim Schamanisieren

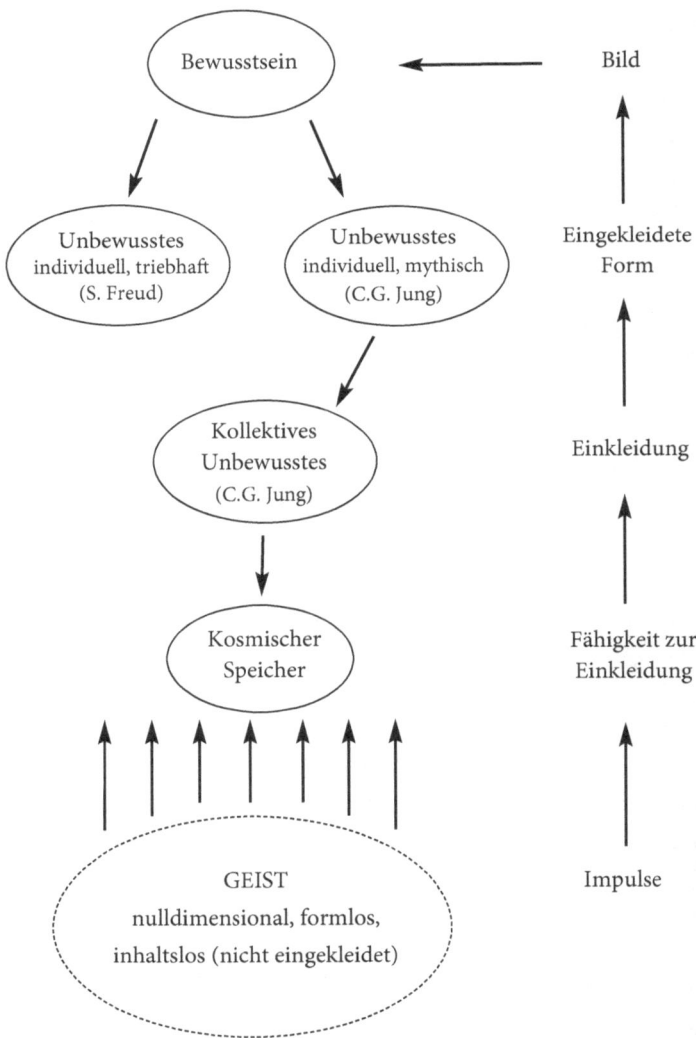

Das oben angeführte Bewusstsein ist das Alltagsbewusstsein, das wir alle kennen. Es ist gekennzeichnet durch kontrollierte geistige Aktivitäten. Unkontrollierte geistige Tätigkeit, wie sie im Traum geschieht, gehört nicht zum Bewusstsein. Wichtige Funktionen des Wachbewusstseins sind Ich-Kontinuität und Kontrolle.

In unserer Epoche, die langsam zu Ende geht, hatte das Bewusstsein einen großen Wert. Von der Renaissance bis zu einer beginnenden neuen Ära (von manchen „Wassermannzeitalter" genannt) wurde das Bewusstsein als alleiniger Wert begriffen. Man ging davon aus, dass nur das Bewusstsein in der Lage war, all die großartigen geistigen Leistungen und Erfindungen zu bewirken.

Heute wird vermehrt ein Augenmerk darauf geworfen, wie die berühmten Forscher zu ihren Erkenntnissen gelangten. Erstaunt stellte man fest, dass Träume und Visionen dabei eine Rolle spielten. Der Chemiker August Kekule beschreibt, wie er die Ringstruktur des Benzolrings gefunden hat:

"Während meines Aufenthaltes in Gent in Belgien bewohnte ich eine elegante Junggesellenzimmer in der Hauptstrasse. Mein Arbeitszimmer aber lag nach einer engen Seitengasse und hatte während des Tages kein Licht. Für den Chemiker, der die Tagesstunden im Laboratorium verbringt, war dies kein Nachtheil. Da sass ich und schrieb an meinem Lehrbuch; aber es ging nicht recht; mein Geist war bei anderen Dingen. Ich drehte den Stuhl nach dem Kamin und versank in Halbschlaf. Wieder gaukelten die Atome vor meinen Augen. Kleinere Gruppen hielten sich diesmal bescheiden im Hintergrund. Mein geistiges Auge, durch wiederholte Gesichte ähnlicher Art geschärft, unterschied jetzt größere Gebilde von mannigfacher Gestaltung. Lange Reihen, vielfach dichter zusammengefügt; Alles in Bewegung, schlangenartig sich windend und drehend. Und siehe, was war das? Eine der Schlangen erfasste den eigenen Schwanz und höhnisch wirbelte das Gebilde vor meinen Augen. Wie durch einen Blitzstrahl erwachte ich;

auch diesmal verbrachte ich den Rest der Nacht um die Consequenzen der Hypothese auszuarbeiten."[63]

Es wird angenommen, dass die Entwicklung des Bewusstseins in der Evolution spät erfolgte und an die Entstehung der Grosshirnrinde gekoppelt ist. Damit wäre es sozusagen das Sahnehäubchen auf den bereits gut funktionierenden Lebensformen. Das Bewusstsein ist ziemlich träge und zu langsam, um das Überleben zu gewährleisten. Wenn ein Proband entscheiden soll, ob er den rechten oder den linken Zeigefinger heben soll, so zeigt seine Gehirnaktivität, dass er schon entschieden hat, bevor er überhaupt mit dem Nachdenken angefangen hat (Libet-Experiment)[64].

Der menschliche Geist ist also umfassender, als das menschliche Bewusstsein. Der menschliche Geist ist ein enorm großes und schnelles Informationsverarbeitungssystem. Das Bewusstsein bekommt diese Informationsverarbeitung oft gar nicht mit und bläht sich auf in dem Irrglauben, alles unter Kontrolle zu haben. Kontrolle und Bewusstsein gehören zusammen. Kontrollzwang zur Angstabwehr gehört zum Charakter des Bewusstseins.

Das Bewusstsein ist ein grossartiges aber etwas langsames Werkzeug. Wie alle Werkzeuge ist es nur für bestimmte Arbeiten zu gebrauchen. Für andere Arbeiten ist es wenig oder nicht geeignet.

[63] ANSCHÜTZ, Richard 1929, S. 942
[64] LIBET, Benjamin: Haben wir einen freien Willen? In GEYER, Christian (Hrsg.): *Hirnforschung und Willensfreiheit* 2004

Das individuelle Unbewusste

Das körperlich-triebhafte Unbewusste nach Freud.
Unser Bewusstsein wird mehr oder weniger stark beeinflusst vom Unbewussten. Sigmund Freud prägte um 1900 diesen Begriff. Im Unbewussten wird alles Unanständige abgelegt. Jedenfalls war das so um 1900, als es noch jede Menge Unanständiges gab. Das Unbewusste ist das Schattenreich der Triebe. Freud postulierte erst drei Triebe, strich dann aber den Todestrieb, und es blieben Sexualität und Aggression übrig. Schließlich erklärte Freud den Sexualtrieb zum fundamentalen Trieb und Aggression als Ableger der Sexualität. Sein Schüler Adler führte später den Machttrieb ein.

Alle Triebe werden verdrängt zugunsten der sozialen Integration und Akzeptanz. Diese Verdrängung verleiht ihnen eine hohe psychische Energie, Libido genannt. Über diese Energie beeinflussen sie unerkannt den Menschen, sein Verhalten und Bewusstsein.[65]

Ich möchte dem libidinösen Unbewussten für dieses Modell folgende Triebe zuordnen: Sexualität, Aggression, Machstreben, Selbsterhaltung.

Das individuelle und das archetypische Unbewusste nach Jung
Carl Gustav Jung, ein Schüler Freuds wurde das alles zu unterleibig. Er fand, dass ein Kirchturm im Traum durchaus einen Kirchturm repräsentieren könnte und nicht einen Penis.

Das individuelle Unbewusste stellt bei Jung eine obere Schicht dar, die aus der Biographie gespeist wird und an die Emotionen gebunden ist. Unter dieser liegt eine tiefere Schicht, die das Individuum mit mythischen Symbolen und Bildern versorgt[66].

[65] FREUD, Sigmund 1900
[66] JUNG, Carl Gustav 1968

Bei seiner Arbeit mit Träumen von Patienten entdeckte Jung archaische Bilder, wie Mandalas oder Schlangen, die sich in den Schwanz beissen (Uroboros) und erklärte diese Bilder zu Manifestationen von Archetypen, die a priori nicht dem Bewusstsein zugänglich sind. Er sah in diesem tieferen archetypischen Unbewussten eine verborgene Schatztruhe, zu der das Individuum Zugang gewinnen kann.

Mandala   Uroboros

Archetypen sind Urbilder menschlicher Vorstellungsmuster, hervorgegangen aus den Ur-Erfahrungen der Menschheit. *„Die Archetypen, die dem Bewusstsein präexistent sind und es bedingen, erscheinen in der Rolle, die sie in Wirklichkeit spielen, nämlich als apriorische Strukturformen des instinktiven Bewusstseinsfundamentes."*[67]

Ohne auf die Vielfalt der archetypischen Bilder und Vorstellungen eingehen zu wollen, soll hier das Mandala als Beispiel angeführt werden, weil es später noch eine Rolle spielen wird. Die kreisförmigen oder quadratischen Mandalas sind nach Jung Ausdruck des Archetypus, der das Selbst bildet. Das Selbst versteht Jung als den unerkennbaren transzendenten Kern des Menschen. In bestimmten Lebenssituationen, den Schwellensituationen, erscheinen im Individuum Bilder, die Archetypen darstellen, um ihm zu helfen, einen Schritt nach vorne zu machen, zu wachsen, etwas Notwendiges zu integrieren. Jung nannte diese

[67] JUNG, Carl Gustav 2005, S. 349

Phasen Individuationsprozesse. Der Individuationsprozess führt zur Integration von Aspekten des Selbst.

So werden Mandalas oft von Jugendlichen gemalt und gezeichnet, wenn sie dabei sind, in die Pubertät einzutreten, also etwas Neues in ihre Persönlichkeit zu integrieren[68]. Neben Bildern und geometrischen Zeichen manifestieren sich Archetypen auch in Persönlichkeiten, die im Traum, also dem individuellen Unbewussten auftreten können.

Das kollektive Unbewusste

Archetypen finden wir in den Gestalten der Mythen und Märchen. Da gibt es den alten Weisen, den Trickster, den wagemutigen Held, der die Gemeinschaft vom Ungeheuer befreit.

Auch die Archetypen wirken unerkannt auf den Menschen, sein Verhalten und sein Bewusstsein.

Jung fragte nach dem Ursprung dieser geometrischen oder personalen Bilder. Das Archaische ihres Ausdrucks weist zurück in die ferne Vergangenheit und legt ein hohes Alter dieser Bilder nahe. Diese archaischen Darstellungen finden sich weltweit, in allen Kulturen als Kunstwerke, literarische Erzeugnisse, Bemalungen, Steinsetzungen, architektonische Gebilde.

Archetypen können Ausdruck des Unbewussten eines bestimmten Kulturkreises sein indem sie dessen Form annehmen, wie der gute König (Arthus), der alte Weise (Obiwan Kenobi)[69], der Trickster (Münchhausen). Andererseits treten Archetypen weltweit in den gleichen geometrischen Zeichen hervor, wie dem Kreis mit dem Kreuz (Radkreuz), der Spirale, dem Hakenkreuz.

---

[68] FRANZ, Marie-Louise von in JUNG, C.G. 1968
[69] *Krieg der Sterne*, USA 1977: Regie: George LUCAS

Ein menschheitsimmanenter Archetypus kann aber auch unterschiedliche Formen annehmen, je nach den natürlichen Gegebenheiten des Lebensraums der Menschen. So sieht der US-amerikanische Mythenforscher Joseph Campbell den Bärengott der nördlichen Zonen als Ausdruck desselben Archetypus, der im heißeren Süden sich als Löwe manifestiert[70].

Ein Archetypus, der ja ein Grundmuster menschheitlicher Vorstellungen repräsentiert ist unveränderbar. Seine Ausdrucksform wandelt sich aber kulturabhängig und auf der Zeitschiene. Der Zauberer-Schamane trat in der europäischen Kultur in ersten frühen Schriften als Merlin auf, wurde als Gandalf[71] wiederbelebt und brach sich seinen Weg ins schöpferische Bewusstsein von Joseph Beuys.

Wenn Schamanen mit dieser tiefen psychischen Schicht in Verbindung treten, wird ihre Sprache poetisch und bildhaft. Als Beispiel hier Ausschnitte aus einem Sang von Roman Estrada, einem mazatekischen Schamanen (Mexico), der unter dem Einfluss halluzinogener Pilze schamanisierte und dabei die ganze Nacht lang chantete:

[70] CAMPBELL, Joseph 1991
[71] TOLKIEN, John R. 2012

Kehr um!

Mit dir sollen kommen:
Dreizehn Hirsche
Dreizehn Adler
Dreizehn weisse Pferde
Dreizehn Regenbogen
Auf deinen Spuren bewegt er dreizehn
Berge
Es ruft dich der grosse Bajazzo
Es ruft dich der Bajazzo-Meister

Ich werde die Berge erklingen lassen
Ich werde ihre Abgründe erklingen
lassen
Ich werde die Morgenröte erklingen
lassen
Ich werde den Tag erklingen lassen
Ich werde den Berg des Kruges
erklingen lassen
Ich werde den erbärmlichen Berg
erklingen lassen
Ich werde den Berg des Felsen
erklingen lassen
Ich werde Berg Vater erklingen lassen
... [72]

[72] ALVARO Estrada in LIGGENSTORFER, Roger und RÄTSCH, Christian 1996

Jung ließ offen, ob die Archetypen nur menschlich-seelischen Ursprungs seien oder ob sie in eine vor- oder nichtmenschliche Vergangenheit zurückreichen[73]. Joseph Campbell, der sich oft auf Jung bezog, wies darauf hin, dass rituelles Verhalten als Ausdruck des Archetypischen bereits vormenschlich sei, wie der rituelle Tanz bei Vögeln, Fischen, Affen und Bienen[74].

Und wo haben die es her?

Die Schülerin und engste Vertraute Jungs Aniela Jaffé schreibt den Archetypen eine verborgene Wirklichkeit zu. Der Physiker Werner Nowacki und der Biologe Alfred Portmann haben sich auf Jungs Archetypenlehre bezogen und eine allem zu Grunde liegende Struktur der Physis und des Geistes vorgeschlagen, die als „transzendentale Ordnung" Mensch und Natur, Denken und Kosmos prägt[75].

Kosmischer Informationsspeicher

Das individuelle Unbewusste ist von der Biographie des einen Menschen geprägt, das kollektive Unbewusste von der Geschichte der Menschheit. In beiden sind Informationen gespeichert. So kann auch ein Informationsspeicher unseres Universums vermutet werden.

Im kosmischen Informationsspeicher liegt das kosmische Programm als Blaupause unseres Universums. Dieses Programm bildet unseren kosmischen Geist. Andere Universen haben ähnliche oder ganz andere kosmische Programme.

Das Bewusstsein ist individuell und an die Person gebunden. Stirbt die Person, ist es weg (oder woanders, wo auch immer das sein mag).

[73] JUNG, Carl Gustav 1995
[73] CAMPBELL, Joseph 1991
[73] in CAMENZIND, Elisabeth 2013

Das individuelle Unbewusste Freuds und die obere Schicht des indivi-duellen Unbewussten Jungs sind ebenfalls an die zeitliche Existenz des Individuums gebunden. Die archentypenfähige untere Schicht des in-dividuellen Unbewussten Jungs hat bereits transzendierende Fähigkei-ten. Es kann Inhalte aus einem zeitlosen System empfangen, oder wenigstens aus einem System, in dem Zeit extrem langsam verläuft. Dieses System ist das kollektive Unbewusste. Es existiert unabhängig vom Einzelnen und enthält alle Informationen der nicht bewusstseins-fähigen Elemente menschlicher (oder geistiger) Wesen. Bewusstsein und Unbewusstes sind Elemente des menschlichen Geistes.

Doch wie kam der Geist, die Intelligenz, die Information, eben alles das, was uns erst ermöglicht, archetypische Bilder oder mathematische Formen zu produzieren, auf unseren Planeten?

Zuerst müssen wir uns fragen, wo das Leben herkommt. Es wird vermutet, dass es als DNA in einem Asteroiden oder einem Meteoriten auf der Erde gelandet ist und sich dort mit *Schnop* kombiniert hat (Schwefel, Kohlenstoff, Wasserstoff, Stickstoff, Sauerstoff, Phosphor).

Und wie kam dann das Bewusstsein oder der Geist ins *Schnop*? Wir wissen es nicht. Wir bestehen aus Atomen, die aus Teilchen zusam-mengesetzt sind, die seit der Schöpfungsphase des Weltalls existieren. Wir sind Sternenstaub, neu zusammengesetzt aus uralten Bauteilen, die einst Bestandteile von Sonnen waren. Wie wir bereits gesehen haben, ist die Frage nach der Herkunft des Geistes und seiner Veran-kerung in der Materie oder in einem Feld, auf jeden Fall aber in unse-rem Universum Gegenstand aktueller Fragestellungen, Hypothesen und Untersuchungen der Wissenschaft und der Wissenschaftsphilo-sophie.

Das kosmische Programm kann mit dem Menschen nur über das Unbewusste als Wahrnehmungsorgan interagieren, vor allem, weil es nicht zu kontrollieren ist und auch weil es sich nicht auf das Gewusste und in Begriffe Gefasste der menschlichen Spezies reduzieren lässt. So kann der Mensch nur durch sein individuelles Unbewusstes Zugang zum kosmischen Geist erhalten.

Die Allpräsenz des kosmischen Geist wird heute im Nullpunktfeld, im Elektron, in weiteren Dimensionen, usw. vermutet. Es herrscht ein intelligentes Wirken in unserem Universum. Das kosmische Programm als Blaupause ermöglicht alle Formen. Denn die Formen entwickeln sich aus einem Bauplan der immerwährenden Schöpfung. Atome schließen sich zu Molekülen zusammen, die unspezifische Zellen bilden, die dann zu einer Leber oder einem Finger werden, je nach wirksamer Information.

Das Kosmische Programm enthält Strukturen, wie den Kosmischen Speicher (im New-Age oft als Akasha-Chroniken bezeichnet)[76], der alle Informationen vom Anbeginn unseres Universums enthält. Es entsteht ein reziprokes System, in dem das Sein durch die Blaupause geformt wird und die Form die Blaupause bewirkt.

Geist

Hinter dem kosmischen Geist liegt der ungebundene, der reine Geist. Lieber möchte ich sagen: dahinter liegt Geist. Wir können uns glücklich schätzen, im Deutschen dieses große, umfassende Wort zu haben. Geist zeichnet sich aus durch seine Nulldimensionalität. Geist hat keinen Raum und keine Zeit. Geist hat keine Energie und keine Kraft.

---

[76] Obwohl der Begriff „Akasha" aus dem Sanskrit stammt und Raum oder Äther bedeutet, sind der Begriff und die Idee der „Akasha Chronik" europäischen Ursprungs (Theosophie, ausgehendes 19. Jahrhunderts). Die Idee eines „Weltgedächtnisses" hat aber ihren Ursprung in der hellenistischen Philosophie des 3. Jh. v. Chr. und bezeichnet einen Informationsspeicher, der alles vom Anbeginn der Welt/Zeit enthält.

Geist hat nur Impuls.

Geist wurde auch Gott oder Götter genannt und mit menschlichen Zügen ausgestattet (Wille, Allmacht, Liebe, Kreativität). Die Frage ist, ob das in der heutigen Zeit noch nötig ist.

Ich kann mit Geist reden, ohne das Konzept eines persönlichen Gottes vor Augen haben zu müssen. Denn ich weiss, dass ich als Mensch ein Gegenüber brauche, zu dem ich sprechen (beten) kann. Meine kreatürliche Beschränktheit möchte ich aber nicht auf das *Ganz Große Unfassbare* projizieren.

Gottes vermeintlicher Wille und seine Taten haben etwas mit Impuls zu tun. Diese Taten, besonders die Schöpfung, werden oft als abgeschlossen gesehen. Aber Geist gibt immer Impuls, unaufhörlich, unendlich.

Dieser Gedanke wäre weder neu noch fremd, wenn die Bibel korrekt übersetzt worden wäre. So lautet der korrigierte erste Satz der Bibel: Im Ursprung schafft Gott die Himmel und die Erde[77]. Das heisst aus dem immer gegenwärtigen Ursprung sprudelt gleich einer Quelle permanent Materie, Zeit, unser Planet, meine Zellen, sowie Geist, Intelligenz, Information.

Geist ist der Urgrund. Sein Pulsieren bietet die Möglichkeit zur Formwerdung an. Die Möglichkeit der Formwerdung realisiert sich im kosmischen Plan zur Blaupause, der Vorlage jeder Form.

[77] WITT, Detlef 1999

Das individuelle Unbewusste als Werkzeug

Wenn eine Schamanin für einen Klienten sein verloren gegangenes Pferd wiederfinden soll[78], so ist das Bewusstsein für diese Aufgabe ungeeignet. Wir lassen jetzt mal Sherlock Holmes außen vor.

„Ich hatte es abends vor dem Zelt angebunden und morgens war es weg, mit Halfter und Strick" sagt der Klient. „Entweder hat es jemand gestohlen oder der Knoten hat sich gelöst und es ist abgehauen oder einer hat mir einen Streich gespielt und es losgebunden. Bitte, Schamanin, sieh mal nach, wo ich suchen soll."

Wo soll die Schamanin nun suchen? Bestimmt nicht in ihrem Bewusstsein. Also macht sie etwas Rituelles. Sie wendet ein Verfahren an, dass sie erlernt hat, und dass ihr Informationsverarbeitungssystem an anderer Stelle aktiviert. Von dieser anderen Stelle muss die gefundene Information dann ins Bewusstsein gebracht werden. Das kann geschehen durch eine Vision (inneres Auge), Audition (innere Stimme) oder einen Transformator (Orakeltechnik). Oder die Schamanin umgeht das Bewusstsein und stellt ihren Körper dem Anderen zur Verfügung, indem sie in Trance geht. In Trance schreibt oder malt sie etwas auf oder erzählt oder chantet etwas, an dass sie sich hinterher nicht mehr erinnern kann.

Die Schamanin taucht ab auf eine andere Bewusstseinsebene. Die Ebene, die dem Tagesbewusstsein am nächsten liegt ist das individuelle Unbewusste. Dort setzt sie an. Sie arbeitet mit ihrem individuellen Unbewussten.

Wie gelingt es Schamanen, den Kontakt zu ihrem persönlichen Unbewussten herzustellen? Das müssen wir nicht erraten, sondern wir müssen sie beobachten.

---

[78] Dieses Beispiel einer Schamanin, die Dinge finden kann, ist fiktiv, orientiert sich aber an Quellen über die schamanische Praxis verschiedener Kulturen.

Alle Schamanen machen etwas Rituelles. Dieses Rituelle stammt inhaltlich und im Ablauf aus der Quelle des kollektiven Unbewussten. Ein Altar wird aufgebaut, indem Gegenstände nach einem bestimmten Plan auf die Erde gelegt werden.

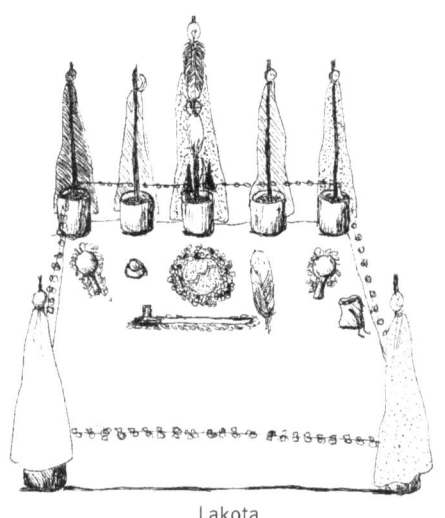

Lakota
Altar nach Stephen Feraca[79]

Oder der Schamanenmantel mit seinen Anhängseln wird angezogen und die Schamanenkappe wird aufgesetzt. Woanders wird der Orakelplatz gereinigt und vorbereitet.

Wir finden oft die archetypische Geometrie der Mandalas in den Altären. Die Grundelemente sind Kreis und Quadrat, beziehungsweise Rechteck. Die Symmetrie bezieht sich auf die Form, kann sich aber auch auf die Abfolge von Handlungen (wenn Ouvertüre/Einladung, dann auch Finale/Verabschiedung) beziehen. Symmetrie tritt auch auf bei der Idee der Spiegelung des Anderen im Hier und Jetzt (wie im Himmel, so auf Erden).

[79] nach FERACA, Stephen E. 1998

Zeitgenössischer sibirischer Schamane[80]

Rhythmus ist hilfreich, wenn nicht sogar nötig. Gesang, Trommeln, Gongs und Rasseln kommen zum Einsatz. Jetzt hat das Bewusstsein Platz gemacht und das individuelle Unbewusste der Schamanin öffnet sich. Dies vollzieht sich bei jedem regelmäßig im Traum. Aber dabei handelt es sich um eine Entweder-oder-Situation[81]. Das Bewusstsein ist komplett ausgeschaltet. Die Schamanin aber hat nun nach ihrer rituellen Vorbereitung beide Informationsverarbeitungsprogramme zur Verfügung. Das hat sie gelernt. Ein angeborenes Talent ist hilfreich oder Voraussetzung. Aber ohne Erlernen, ohne schamanische Kulturtechnik wird sie nicht weit kommen oder in die Irre gehen.

Was kann das individuelle Unbewusste?

Es kann kunstvolle Bilder, Handlungen, Sätze, Melodien kreieren. Es ist enorm kreativ. Jede Nacht dreht es Kurzfilme, in 3D und Farbe und mit Ton.

[80] Foto: Alexander NIKOLSKY in Siberian Times
[81] Diese Aussage bezieht sich nur auf den „normalen" Traum. Bei der Technik des luziden Träumens, die sich immer grösserer Beliebtheit erfreut, wird in den Traum das Bewusstsein eingeführt. Der Träumer kann dann in der Traumlandschaft bewusst wahrnehmen und agieren.

In den veränderten Bewusstseinszustand der Schamanin kann ein Bild auftauchen, auf dem das verloren gegangene Pferd zu sehen ist. Jetzt sieht sie das Pferd auf einer Ebene in der Nähe von drei Bäumen. Fragt die Schamanin, wo genau diese Ebene mit den drei Bäumen ist, lässt das Unbewusste eine Stimme aus dem Off ertönen: nördlich der Straße zum Hohen Berg, da, wo links das LKW-Wrack im Graben liegt.

Hat das individuelle Unbewusste das Pferd geortet? Davon war nicht die Rede. Es macht Bilder und Filme, aber herumfliegen und Informationen einholen kann es nicht.

Das individuelle Unbewusste ist ein nötiges Werkzeug, ein Bildgebungsverfahren. Wie jedes Werkzeug ist es begrenzt in seinen Anwendungsbereichen. Für darüber hinaus gehende Aufgaben muss ein anderes Werkzeug benutzt werden.

Das kollektive Unbewusste als Werkzeug

Als unsere Schamanin ein Mädchen war, lag sie krank danieder. Ihre Eltern bangten um ihr Leben. Als schon alles verloren schien, wachte sie nach tagelanger Bewusstlosigkeit auf und erzählte ihren Eltern einen Traum. Eine Amsel war angeflogen gekommen mit etwas großem Runden im Schnabel. Das Mädchen streckte die Hand aus und die Amsel landete dort, ganz ohne Scheu und gab ihr das runde Ding. Es war eine Muschelscheibe mit einem Kreuz eingraviert. „Binde eine Feder von mir in die Mitte", sagte die Amsel. „Dann fliege ich wohin du willst und zeige dir die Dinge, die du suchst."
Die Dorfschamanin erzählte ihr und ihrer Familie, dass dies ein großes Geschenk sei, und dass sie eines Tages mit der Muschelscheibe samt Feder den Menschen helfen werde, verlorene Dinge zu finden.

Der Kreis mit dem Kreuz ist ein transkulturelles und altes Symbol, der Vogel als Bote des Anderen ebenfalls. Die Feder dient als Hilfsmittel zur Überwindung des Raumes und des Irdischen (Zeit und Raum). Es gefällt dem Anderen sich in solchen Bildern mitzuteilen. Es teilt sich eigentlich nur in solchen Bildern mit. Das Andere hat offenbar ein Lager mit Dingen und Tönen und Bildern, aus denen es schöpft. Profanes Zeug benutzt es nicht. Jung nannte dieses Reservoir des Anderen das kollektive Unbewusste.

Ich erinnere mich, dass ich meine ganze Kindheit über, etwa ab dem dritten Lebensjahr, ein Schwert mit einem rubinroten Stein in der Mitte der Parierstange als begehrenswertesten Gegenstand der Welt ansah. Als ich größer wurde, kaufte ich in der Spielwarenabteilung Beutelchen mit Glas-„Edelsteinen" und baute Holzschwerter mit rotem Stein in der Mitte des Kreuzes.

Dies war ein Bild aus dem kollektiven Unbewussten. Was es bei mir zu suchen hatte, wusste ich damals nicht und heute könnte ich mich nur unnützen Spekulationen hingeben.

Sicher ist, dass „das Ausagieren eines Traumes", wie die Lakota (Sioux) sagen, das Bild aus dem kollektiven Unbewussten in das Bewusstein, ja in die ganze Person integriert. Jemand hat ein Geschenk bekommen, sagen die Lakota.

Meine Serienproduktion von Schwertern mit roten Edelsteinen in der Mitte war so ein Ausagieren und das einzig Richtige, was ich tun konnte.

Das Andere ist der Chef des kollektiven Unbewussten. Es teilt sich auf eine Art und Weise mit, die verstanden werden kann. Das meint es jedenfalls. Aber ob das immer gelingt, ist zweifelhaft. Auf jeden Fall schickte es keine Schwerter in Kulturen mit Steintechnologie und keine Marienerscheinungen in die vorchristliche Inuitkultur.

Da das kollektive Unbewusste aber sehr traditionell ist, schickt es manchmal Leuten Bilder, die sie nicht ohne Übersetzer einordnen können.

Interessant ist hierbei das Beispiel eines jungen Wissenschaftlers, der bei einer Jung-Schülerin eine Psychoanalyse machte, weil ihm seine Braut abhanden gekommen war und er nicht wusste, ob der die neu aufgetretene Dame nun nehmen sollte oder nicht. Außerdem trank er zu viel und war wegen seiner Offenheit, die oft verletzte, bekannt und gefürchtet. Er war Physiker und produzierte nun über 1000 Träume, die Bilder und Inhalte der Alchemie zum Inhalt hatten. Von der mittelalterlichen Alchemie und ihren Darstellungen hatte er aber keine Ahnung[82]. Die Archetypen erschufen vor langer Zeit und erschaffen immer wieder von neuem im kollektiven Unbewussten jene Bilder. Das kollektive Unbewusste wird so zur transpersonalen Quelle. Die Therapie war erfolgreich. Er heiratete die Frau, trank weniger und bekam später den Nobelpreis für Physik für seine Formulierung des Ausschliesslichkeitsprinzips, einem Grundprinzip der Quantenmechanik. Es handelte sich um Wolfgang Pauli.

Was tun mit den Inhalten des kollektiven Unbewussten?

Wie bereits erwähnt, hilft ausagieren. In vielen Kulturen folgen die Menschen so ihren Träumen, jedenfalls besonderen Träumen und Visionen.

Das Mädchen mit der Muschelscheibe wurde erwachsen und hat genau so eine Muschelscheibe hergestellt. Die Muschelscheibe war ihr Repräsentant des kollektiven Unbewussten. Durch sie konnte sie ihr Bewusstsein so weit fokussieren, dass das Unbewusste die Wahrnehmung übernahm. Nachdem die junge Schamanenschülerin die Muschelscheibe hergestellt hatte, ist sie fastend in die Einsamkeit gegangen und die Amsel ist wieder zu ihr gekommen und hat ihr eine Feder und ein Lied geschenkt, mit dem sie von da an die Amsel herbeirufen konnte.

---

[82] Jung, Carl Gustav 1975

Danach hat die junge Frau eine mehr oder weniger lange dauernde Einweisung/Unterweisung bei der alten Schamanin gemacht. Ihre Ausbildung war zu Ende, als sie in der Lage war, durch Anwendung einer Folge von rituellen Handlungen, mit denen sie das kollektive Unbewusste aufrief, ihr individuelles Unbewusstes zu aktivieren. Der Zustand, in dem sie sich dabei befand, wird als Trance bezeichnet. In Trance war ihr Bewusstsein heruntergefahren und sie konnte so zu jeder Zeit ihre Such-Dienstleistung zu erbringen.

Das kollektive Unbewusste hat eine gewisse Bandbreite. Einerseits ist es kulturell gebunden. Gott Chango erscheint mit seiner Axt nicht in Rom auf dem Petersplatz. Er bleibt in Westafrika, der Karibik und Südamerika und teilt sich dort über Menschen in Trance mit.

Andererseits ist das kollektive Unbewusste weltweit, menschheitsimmanent gleich, beziehungsweise kann sich in kulturell bedingten Bilder kulturübergreifend ausdrücken.

Eines Abends unterhielt ich mich mit zwei Frauen über ihre spirituellen Erfahrungen und merkte, dass ein Geist, der mir aus der Lakota-Kultur bekannt war, den Raum betreten hatte. Ich sagte nichts, um nicht als Angeber zu gelten. Dieser Geist ist immer schwarz weiß gekleidet. Am nächsten Morgen beim Frühstück erzählte die eine Frau, sie habe von einem Indianer im Frack mit weißem Hemd und schwarzer Fliege geträumt. Ach, sagte die andere, ich habe von einem Pinguin geträumt.

Das kosmische Programm als Werkzeug

Auf dieser Stufe entsteht eine neue Qualität. Die unfassbare Abstraktheit des Geistes beginnt hier Formen anzunehmen, sich einzukleiden. Noch sind die Formen nicht festgelegt. Aber etwas beginnt sich zu zeigen. Würden wir uns dem mit unserem Bewusstsein nähern, würde es zur Form erstarren, wie die Wahrscheinlichkeitswelle durch Beobachtung zum Teilchen kollabiert.

Was geschieht, wenn sich das Kosmische Programm zu programmieren beginnt? Ich wachte einmal mitten in der Nacht auf, mit einer Idee im Kopf, wie ich das Entstehen des Kosmischen Programms beschreiben könnte:

Der Markttisch

Die Umsetzung des Geistes in unser Universum funktioniert wie ein Markt. Von der einen Seite, vom Geist, kommt die Ware zum Markttisch und von der anderen Seite kommen die Kunden. Die Ware sind die Impulse, die immerzu vom Geist ausgesendet werden. Diese Impulse gelangen auf den Tisch unseres Universums. An dem Tisch steht der Markthändler. Sein Name ist „Umwandler". In der Mitte des Tisches ist eine Linie, eine Grenze sozusagen. Indem der Umwandler die Impulse über die Grenzlinie schiebt, erhalten sie die Möglichkeit, eine Form anzunehmen. Erst dann kann im kosmischen Programm eine erste „gasförmige" Manifestation (wie Rauch, der um eine Lampe weht) entstehen. Und daraus wird vielleicht eine Amsel.

Die Schamanin hat ihre Zeremonie durchgeführt und dadurch ihren Bewusstseinzustand verändert. Sie hatte die Muschelscheibe abgeräuchert und dann war die Amsel angeflogen gekommen. Die Schamanin hatte gesagt, dass sie das Pferd ihres Nachbarn suche. Dann hatte sich ihr Geist gedreht und ihr war ganz anders geworden. Im Geist sind alle Informationen verfügbar. Da war das Pferd, es graste in der Nähe von drei Bäumen. Die Amsel teilte die weiteren Landschaftselemente mit. Denn Geist weiß immer alles gleichzeitig.

Wenn wir Geist und Schöpfergott gleichsetzen, ist beachtenswert, wie Isaac Luria, ein Kabbalist des 16. Jahrhunderts, den Akt der Schöpfung beschreibt:

> *„Der erste Akt (der Schöpfung) ist keine Tat der Offenbarung, sondern eine Tat der (Selbst- Begrenzung). Erst beim zweiten Akt schickt Gott einen Strahl des Lichtes und beginnt sich zu offenbaren oder vielmehr seine Entfaltung als Schöpfer-Gott in dem ursprünglichen Raume seiner Schöpfung."*[83]

Geist begrenzt sich, wodurch Geist sich in die Lage versetzt, Impulse auszustoßen. Dann veräussert Geist Information und offenbart sich durch Licht. Durch diese Ausschüttung des Lichtes entstehen die Dimensionen.

Diese Geist-Impulse erschaffen die Dimensionen, das Sein, das Universum, und ergiessen sich als gebundener Geist in all seinen Ausprägungen ins Universum. Ständig.

In Bezug auf unser Universum reduziert sich Geist so zu einem kosmischen Programm. Eine weitere Reduktion bildet das Programm „Mensch".

Stellen wir uns vor, wir wollen Strom aus einer 220 Volt Steckdose in ein 10 Volt fähiges Gerät leiten. Dazu brauchen wir Transformatoren, die die Spannung reduzieren, bis sie das kleine Gerät zum Funktionieren bringt, ohne es zu ruinieren.

---

[83] Isaak LURIA in WITT, Detlef 1999, S. 132

Geist ist kein Werkzeug

Warum habe ich den Geist als das ganz Andere bezeichnet, wenn er doch zu uns gehört? Weil wir ihn nur in seiner gebunden Form erleben. Geist zeigt sich uns nicht ohne Träger. Geist zeigt sich uns in der Regel nur durch „Denkbares". Wir sind angewiesen auf unser Informationsverarbeitungssystem. Dieses System liebt Begriffe. Selbst ständig auftretende Neuerungen werden erst denkbar, wenn ihnen Begriffe zugeordnet worden, zum Beispiel Rakete oder Computer. Selbst die Mathematik und die Musik, unsere abstraktesten Gebilde, sind immer noch Gebilde mit Zeichen, die sie kommunizierbar machen.

Der Energieerhaltungssatz der Physik beinhaltet einen Informationserhaltungssatz. Dies bedeutet, dass in unserem Universum weder Energie noch Information verloren gehen können. Die gesamte Information im Universum ist gespeichert und in ständigem Wachsen begriffen. In dem Maße, wie die Ordnung der Materie abnimmt, wächst die Negentropie, die Informationsfülle und der kohärente Geist im Universum.

Inhalte abfragen oder herunterladen

Warum nehmen wir nicht das Telefon und rufen einfach Geist an? Was soll heute noch das ganze Brimborium ritueller Verfahren?
Wir können Geist telefonisch, das heißt direkt nicht erreichen, weil die Antwort, also der Impuls uns unverständlich wäre. Der Impuls muss erst auf dem Markttisch übersetzt werden. Warum ist der Impuls unverständlich? Weil er größer ist als das Verständnisvermögen unseres Bewusstseins.

Unsere Wahrnehmungsorgane Auge und Ohr nehmen jeweils nur einen Ausschnitt in einem Wellenbereich wahr. Alles was drüber und drunter ist, wird nicht wahrgenommen. Unsere Nase riecht nicht besonders gut und die Tastkörper der Haut sind auch nur für das grobe Überleben eingerichtet. Die umfassende Information, die durch den Impuls auf dem Marktisch des kosmischen Unbewussten landet, muss hier gestutzt werden, damit wir mit der Information überhaupt etwas anfangen können.

Warum erreichen wir den kosmischen Geist nicht über unser Bewusstsein?
Der Grund liegt in der Koppelung von Bewusstsein und Kontrolle. Kontrolle reduziert die Fülle von Möglichkeiten, denn Kontrolle bezieht sich immer auf bereits Gewusstes.

Die Angst vor Kontrollverlust lässt jeden Versuch, Informationen aus dem kosmischen Geist und dem Geist abzurufen, ins Leere laufen. Erst wenn die Angst vor Kontrollverlust überwunden worden ist, kann mit dem Ein- und Ausschalten von Kontrolle gespielt werden, so dass Bewusstheit und Trance sich abwechseln. Die Benutzung der Bilder des kollektiven Unbewussten hat sich bewährt. Diese archetypischen Bilder tauchen aber erst dann auf, wenn die Kontrolle heruntergefahren (Trance) oder ganz ausgeschaltet (Traum) worden ist.

Noch einmal zu unserer Schamanin:
Sie hat ihre Zeremonie durchgeführt, in der sie die Muschelscheibe abgeräuchert hat. Sie hat gesungen und getrommelt und dann kam die Amsel angeflogen. Die Schamanin hatte gesagt, dass sie das Pferd ihres Nachbarn suche. Inzwischen hatte sich ihr Bewusstseinszustand verändert. Ihr Geist hatte sich gedreht und ihr war ganz anders geworden. Da war das Pferd, es graste in der Nähe von drei Bäumen. Die Amsel teilte die weiteren Landschaftselemente mit. Denn Geist weiss alles und

die Amsel war das Geschenk des Händlers auf dem Markt des kosmischen Unbewussten für gerade diese Schamanin.

Andere Schamanen erfahren wichtige Dinge von Murmeltieren, Bären, Steinen oder Generälen, je nachdem was der Händler für sie hinübergereicht hat und was am besten zum Schamanen passt.

Unbewusstes versus rechte Gehirnhälfte

Thomas R. Blakeslee lehnt den Begriff des Unbewussten ab und spricht stattdessen vom Denken der rechten Gehirnhälfte. Das linke Gehirn ist für alle Aspekte der Logik verantwortlich. Es ist wenig kreativ, da es nur mit bereits vorhandenen Informationen umgeht. Ein wichtiger Aspekt ist dabei die Sprache. Das Sprachzentrum hat seinen Sitz vor allem in der linken Gehirnhälfte[84]. Wir denken in bereits vorhandenen Begriffen. Unser Bewusstsein ist angefüllt mit Vorgefertigtem. Wie wir bei Kerkulé gesehen haben, entsteht das Neue, Ungedachte nicht aus logischem Denken. Es manifestiert sich erst dann, wenn das Bewusstsein heruntergefahren ist.

Das rechte Gehirn denkt nonverbal. Sein Feld ist die Intuition. Intuitive Erkenntnisse sind plötzlich en bloque vorhanden. Das rechte Gehirn analysiert nicht, es nimmt die Gestalt der Dinge wahr und schafft kreative Verbindungen. Ausserdem ist es für viele Fertigkeiten zuständig, deren Zustandekommen nur durch die Entwicklung eines Gefühls erklärt werden können, wie zum Beispiel die Kunstbetrachtung, das Geige spielen, vollendetes Tanzen. Wenn solche Tätigkeiten vollkommen werden, wenn sie stimmig sind, dann ist das das Verdienst des rechten Gehirns.

[84] BLAKESLEE, Thomas R. 1988

Albert Einstein beschrieb das erste Stadium seiner Art zu denken als ein Spiel mit Elementen „visueller und auch muskulärer Art. Konventionelle Worte oder andere Zeichen müssen dann in einem zweiten Stadium erst mühevoll gesucht werden, wenn das erwähnte assoziative Spiel genügend gefestigt ist… "[85]

Genau wie in dem Modell des Unbewussten die Ausbildung und Verfeinerung des Unbewussten als Quelle für das Schamanisieren nötig ist, müssen auch in diesem Modell die Fähigkeiten des rechten Gehirns geschult und kanalisiert werden, um sinnvoll genutzt werden zu können.

Einfach nur etwas 'intuitiv zu spüren oder zu wissen', wie es heutzutage wieder Mode geworden ist, reicht nicht aus. Die Validität des Gewussten oder Gespürten ist zweifelhaft, wenn sie nicht nach einem intensiven Training des Unbewussten oder des rechten Gehirns nachgewiesen werden kann und die so erhaltenen Informationen durch wiederholte Kontrollen verifiziert werden können.

Resonanz

Wenn sich zwei Kontrabässe in einem Raum befinden und bei einem wird die D-Saite kontinuierlich mit dem Bogen zum Klingen gebracht, dann beginnt die D-Saite des anderen Kontrabasses, wie von Geisterhand, mitzuschwingen. Das ist Resonanz.

Amsel und Muschelscheibe bringen den Geistkörper unserer Schamanin zum Mitschwingen. Ihre Lehrerin, die alte Schamanin erkannte diese Fähigkeit zum Mitschwingen. Für Amseln und Muschelscheiben war sie allerdings „blind". Sie wurde durch einen Stein und den Geist des Habichts zum Schwingen gebracht.

[85] ebda. S. 54

Der Weg von der abstrakten, rauchwehenden ersten Konkretition des Geistes, über das Form annehmen und dann weiter durch die Stufen des Unbewussten ins Bewusstsein erfolgt durch Resonanz mit dem Menschen, der die Information empfängt. Je stärker die Resonanz, desto zuverlässiger die Information. Resonanz ist mehr als vage Intuition, die von Wunschdenken oder Einflüsterungen des Unbewussten (Abteilung Freud) kontaminiert sein können. Wenn die Schamanin in Resonanz ist, erkennt sie das an einem eindeutigen Körpergefühl.

Ein Erklärungsmuster für Resonanz als Erinnerungen an ein früheres Leben, in dem man, kurz gesagt, selber Schachtelhalm oder Amsel war, bietet die Reinkarnationlehre an.

Weitere Erklärungsmuster für diese Resonanz liefern unter anderem Rupert Sheldrake und Jean E. Charon[86].

Der Biologe Sheldrake spricht in seinem System morphischer Felder von morphischer Resonanz. Morphische Resonanzen bauen sich zwischen ähnlichen Formen und Mustern auf. Sie bilden ein Sender-Empfänger-System, in dem das gestalterzeugende Feld reale Gestalten schafft, die wiederum durch ihre Existenz das Feld stärken, wodurch mehr reale Gestalten derselben Art entstehen.

Der Physiker Charon, der den Geist im Elektron gefunden zu haben meint, spricht von der Tendenz der ständigen Zunahme von Elektronen-Clustern, die sich en bloc am Aufbau neuer lebenden Formen beteiligen. Somit strebt das Universum nach immer stärkerer Integration des Geistes in die Materie. Von diesem Standpunkt aus gesehen, existieren in jedem von uns geclusterte Informationen über Schachtelhalm, Einzeller, Saurier, Fische, Vögel, Steine und Metalle, und alles Viehzeug, was unsere Ahnen gegessen haben. Besonders große Cluster enthalten besonders viele Informationen. Sie sind bei jedem Menschen

---

[86] SHELDRAKE, Rupert 1983. CHARON, Jean E. 1996

anders ausgeprägt. Also, bei unserer Schamanin als Amsel und bei ihrer Lehrerin als Stein und Habicht.

Resonanz ist nicht unser gewöhnliches Wiedererkennen. Denn Wiedererkennen geschieht im Bewusstsein. Resonanz entsteht durch ein Mitschwingen und besitzt deshalb eine Körperlichkeit. Die US-amerikanische Anthropologin Barbara Tedlock, die in den sechziger Jahren eine Schamanenausbildung bei den Maya in Guatemala machte, schreibt über das Schamanisieren:

„Wer Schamanen dabei beobachtet hat, wie sie in Trance fallen oder sich auf eine spirituelle Reise begeben (…) weiss, wie physisch und sinn-lich präsent diese Erfahrung tatsächlich ist. Während meiner schama-nischen Ausbildung bei den Maya entdeckte ich, dass meine eigene vitale Körperenergie fliesst und schimmert und deshalb (…) „Wetterleuchten" genannt wird. Anfangs kommen einem diese ekstatischen Gefühle selt-sam vor, und ich hatte Angst, von Kräften ausserhalb meiner selbst be-sessen zu sein. Doch im Laufe meiner schamanischen Ausbildung lernte ich, dieses Wetterleuchten in mir zu akzeptieren, ja zu begrüssen, weil es eine erstaunliche, im Körper verankerte Form intuitiven Wissens her-vorrief, die man als „das Sprechen des Blutes" bezeichnet. Seither hat diese Gabe, mit der ich physische Intuition erschliessen kann, zentrale Bedeutung für mein spirituelles Verständnis und meine schamanische Praxis. Schamanisieren bedeutet körperliche Technik und geistige Übung zugleich."[87]

Dieses Mitschwingen, das die Schamanin in Trance erlebt, kann auch in anderen schöpferischen Prozessen erfahren werden. Die Perfo-mance-Künstlerin Marina Abramovic beschreibt die Resonanzerfah-rung in ihrer ersten Performances ganz ähnlich:

[87] TEDLOCK, Barbara 2007, S. 108

„*Dann überkam mich ein seltsames Gefühl, etwas, das ich mir nie hätte träumen lassen: Es war, als würde elektrischer Strom durch meinen Körper fliessen, als wären das Publikum und ich eins geworden.*"
(Ich fühlte mich), „*als wäre ich zugleich Senderin und Empfängerin einer gewaltigen elektrischen Energie, (…). Angst und Schmerz waren verschwunden. Ich war eine andere.*
(…)
„*Ich hatte die totale Freiheit erfahren - ich hatte gespürt, dass mein Körper grenzenlos war; dass Schmerz keine Rolle spielte, dass überhaupt nichts eine Rolle spielte - und es war berauschend.*"[88]

Auf Grund dieser körperlichen Schwingungen wird der Schamanin heiß. Eine der möglichen Erklärungen des Begriffes Schamane lautet ja: „sich erhitzen".

Bleibt noch die Frage zu klären, welcher Kontrabass den Bogen streicht. Ist Geist der Bogenführer und Mensch derjenige, der in Schwingung gerät? Ganz sicher ja. Aber der Mensch bietet Formen an, die er kennt und wovon einige in ihm enthalten sein können. Erst durch dieses Angebot kann Geist Form annehmen. Also streicht auch der Mensch den Kontrabass und wenn der Ton von Mensch-unten und der Ton von Geist-oben gleich sind, entsteht Schwingung, entsteht eine Amsel-Schamanin-Beziehung.

---

[88] ABRAMOVIC, Marina 2016, S. 83

Schamanisieren und Landschaft

Das erklärt auch, warum die Kudu Antilope bei den Koihsan (Buschmann) Schamanen der Kalahari so wichtig ist, aber in uns keine Resonanz erzeugen wird. Denn in unserem geistigen Körper sind keine Kudus und bei den Buschmännern sind keine Bären integriert. Schamanentum ohne tiefe Verbindung zum Land gibt es nicht.

Bei der Betrachtung des Schamanentums in seiner ganzen Vielfalt und den Techniken und Elementen des Schamanisierens ist von Seiten der Kulturwissenschaften wenig Augenmerk auf den Landschaftsraum gelegt worden, in dem die Schamanin/der Schamane lebt/e.

Seit ungefähr 1960 entwickelte sich eine neue Geomantie in der westliche Welt. Die alte Geomantie, die der europäische Kulturraum aus der arabischen Welt übernahm, war eine Technik der Weissagung aus Gegebenheiten der Erde und der Landschaft. Die neue Geomantie befasste sich vor allem mit baubiologischen Problemen, wie Erdstrahlung und Wasseradern. Mit dem Modell der Ley-Linien (1921) waren aber bereits sakrale Landschaftselemente in Beziehung zueinander gesetzt worden[89].

In der neuen Geomantie wird Landschaft mit Spiritualität in weiterem Sinn in Beziehung gesetzt. Die ersten Kirchen waren auf den vorhandenen Kultplätzen errichtet worden, die mit Bedeutungen aus der Mythologie des ansässigen Volkes aufgeladen worden waren. Bei nomadisierenden Völkern, den Hauptvertretern des Schamanismus, blieb die Wirkmächtigkeit besonderer Orte der mythologischen Landschaft unangetastet. Keine Architektur versuchte die Wirkmächtigkeit zu fassen, wie man etwa eine Quelle in eine Ummauerung fassen würde.

---

[89] MERZ, Blanche 1999

Der Geist einer Landschaft ist geprägt von vielen Generationen von Menschen, die eine geistige Beziehung zu dieser Landschaft besaßen. In dieser geistigen Beziehung erfuhr und erfährt der Mensch das Land bewusst denkend, gefühlsmäßig emotional und kontemplativ spirituell.

Paul Devereux erklärt die Entstehungen des Geistes, beziehungsweise der schamanischen Prägung einer Landschaft durch die Parallelisierung von menschlicher Psyche und Landschaftselementen. Es braucht den Menschen, um die Landschaft zu beseelen. Und es braucht eine schamanische Kultur, um die Landschaft schamanisch aufzuladen. Das Land erhält dadurch dann die Fähigkeit, das Unbewusste des Menschen zu öffnen und ihm dadurch zugänglich zu machen[90].

Marko Pogačnik geht hingegen davon aus, dass Funktionseinheiten der Landschaft unabhängig vom Menschen existieren. Diese „Landschaftstempel" weisen eine symmetrische Struktur auf, in der die Enden der Senkrechten den Ein- beziehungsweise Ausatempunkt der Landschaftseinheit bilden. Dazu quer liegen drei Punkte, die Pogačnik einer dreifachen Göttin zuordnet. Kleine Landschaftstempel fügen sich zusammen zu größeren, bis hin zu kontinentalen Landschaftsstrukturen[91]. Diese Architektur der Landschaften wurde nicht als mythisches Psychogramm vom Menschen geformt sondern existiert unabhängig von lebenden Wesen und formte somit ihrerseits die Seele der Menschen.

Der alte Schamanismus fand nicht nur im Kopf und Körper statt. Er war ohne das dazugehörende Land undenkbar.

„Die Lakota haben immer das Land so betrachtet. Es ist ihre Mutter und sie sind ihre Kinder. Sie haben nicht versucht, es auszubeuten, sondern eher auf ihm zu leben und mit ihm. In der Tat, nicht mit „ihm" sondern „ihr". Das Land ist der Schöpfer aller Dinge, sie ist Mutter. Das Land ist die Wurzel aller Dinge, sie ist Grossmutter. Das Land ist heilig.

---

[90] DEVEREUX, Paul 2010
[91] POGAČNIK, Marko 1997

Sie ist Gott-gegeben. Jeder Schritt auf ihr, sollte ein Gebet sein, wie Black Elk sagt. (...) Das Land macht die Lakota zu dem, was sie sind. Ohne das Land verlieren die Lakota ihre Einzigartigkeit. (...) Lakota-sein heisst, in das Land hineingeformt zu sein. In gewissem Sinn bedeutet es, dass das Land auf dich Anspruch erhebt."[92]

Erst durch die Christianisierung und später durch die Verstädterung und Industrialisierung wurden unsere Landschaften entseelt. Ein Baum, ein Stein, ein See, ein Schwein, denen die Seele abgesprochen wird, reduzieren sich vom Mitgeschöpf zum Objekt. Respekt und Empathie ihnen gegenüber kommen abhanden. Die Auswirkungen dieser Entwicklung sind die industrielle Fleischproduktion, die Betonierung der Landschaft und diverse andere Eingriffe. Was passiert, wenn die Entseelung dann auch noch auf Menschen, die irgendwie anders sind, ausgeweitet wird, ist traurige historische Gewissheit.

Heute sehnen wir uns nach einer Wiederbeseelung der Welt. In Randgruppen existiert aber noch diese innige Beziehung zum Land auch in unseren Breiten. Alte Bauern und mehr noch Jäger erleben Landschaft als lebenden Organismus.

Ein Jäger aus altem Adelsgeschlecht beschreibt hier die Pirsch auf einen Keiler (männliches Wildschwein):

---

[92] "The Lakota have always looked on the land this way. It is their mother and they are its children. They have not tried to exploit it, but rather to live on it and with it. Indeed, the land is not 'it' but 'her'. The land is the producer of all living things -- she is mother. The land is at the root of all things -- she is grandmother. The land is sacred. She is God-given. Every step on her, as Black Elk says, should be as a prayer. (...) The Land (...) makes (...) (the Lakota) who they are. Without the land, the Lakota people lose their uniqueness. (...) To be a Lakota means to be molded by the land. It means, in a certain sense, the land claims one. (Makoce in Nizhoni Gollner-Marin ohne Jahr) S. 185

„An den uralten Wegweisersteinen machte ich halt. Ich mache das immer an dieser Stelle, denn man muss sich eine Weile an das Zwielicht von Mond, Wald und Schatten gewöhnen, um all die feinen Geräusche der Nacht aufzunehmen und richtig zu deuten. Aber vor allem ist eine solche Mondscheinpirsch im Schnee eine so seltene Sache, dass man erst einmal die Aufregung ablegen muss, damit Körper und Verstand die nötige Einheit bilden. Daraus wächst dann der Entschluss: Ich würde also gegen den Wind immer an der Abbruchkante zum Wasser entlang pirschen, mich immer im Zwielicht unter den alten Eichen halten und meine Pirsch am alten Wehr beenden, das vor über zweihundertfünfzig Jahren entstand, um den Park mit einem Gewirr von Wasserstraßen zu verschönern, die dem Wanderer die Illusion eines Spreewaldes en miniature geben sollten. Die Pirsch würde kaum weiter gehen als um die sechs- bis siebenhundert Meter, aber sie würde mit Sicherheit zwei Stunden dauern.

(…)

So sah ich in vorsichtig und langsam ziehenden Schritt den schwarzen Schaufler auch eher, als dass er mich bemerkte. Er zog durch den Fluss an der Furt in die Parkwiesen und verschwand im Hintergrund der Buchen bei den Gräbern meiner Familie. Ich schob mich weiter voran bis zum Wildacker an der Heerstraße, die früher einmal die Ortschaften verband, bis der Ururgroßvater auf der anderen Flussseite die Nieskyer Straße bauen ließ. Die Heerstraße ist seither nur noch ein Waldweg.“[93]

Die Tiere mit dem jagdbaren Wild, die Natur, das Wetter und das Wirken der Ahnen in der Landschaft bilden hier eine Einheit mit dem Jäger. Er ist ein Kind der Ahnen und des Landes und lebt in der Gewissheit, dass nach ihm noch Keiler und Bäume und Schnee und Gräber, dann auch sein eigenes, existieren werden.

[93] Eggeling von, Friedrich K. in *Wild und Hund* 19/2013

Der tuwenische Schamane und Schriftstelle Galsan Tschinag schreibt hierzu: „*Wenn der Tuwa einen Wald in der Ferne sieht, sieht er vor allem den Wald, der seinen Ahnen Schatten gespendet hat. Er sieht darin auch den Wald, der seinen Kindern und Kindeskindern Schatten spenden wird. Er freut sich darüber, dass dieser Wald immer noch so dasteht, wie schon zu Zeiten der Ahnen. Und er hofft und ist bei dieser Hoffnung froh, dass diese Wälder noch so stehen werden zu Zeiten der Kinder und Kindeskinder.*"[94]

Hier noch einmal die Werkzeuge der Schamanin mit der Amsel auf einen Blick:

Erstens: Sie hat gelernt, ihre Ich-Kontinuität zu unterbrechen und die Kontrolle ihres Bewusstseins herunter zu fahren.

Zweitens: Sie kann ihr Unbewusstes als Wahrnehmungsorgan nutzen, indem sie in Trance geht.

Drittens: Mit Hilfe ritueller Nutzung von Elementen des kollektiven Unbewussten öffnet sie sich für Informationen aus dem Kosmischen Programm und Speicher.

Viertens: Der Informationstransfer aus dem Kosmischen Speicher vollzieht sich mittels Resonanz.

Fünftens: Das Eingebundensein ihres Volkes, ihres Stammes, ihrer Sippe und ihrer Selbst in einen Landschaftsraum liefert die Formen, mit denen sich die Informationen bekleiden können und die Sprache, in die sich die Informationen gießen können.

---

[94] SCHENK, Amélie/Tschinag, Galsan 1997, S. 16f.

Schamane werden einst und jetzt

Es ist nicht in allem Schamanismus drin, wo Schamanismus draufsteht. Und manchmal ist etwas schamanisch, ohne dass Schamanismus draufsteht. Auf jeden Fall braucht es eine Schamanin oder einen Schamanen für das Schamanisieren.

Wie wird man Schamane?

Schamane wird man nicht durch den freien Entschluss, sondern durch Berufung. Berufungserlebnisse geschahen nicht nur in der Vergangenheit bei weit entfernten exotischen Völkern. Wie wir sehen werden, können solche meist nicht gerade angenehmen Erlebnisse auch heute noch selbst „westlichen" Menschen widerfahren.

In schamanischen Kulturen wollte niemand freiwillig Schamane werden. Und falls das doch einmal vorkam, war der Wunsch aussichtslos, wenn kein Berufungserlebnis vorlag.

Wenn wir die schamanischen Kulturen betrachten, also Kulturen mit Schamanen als Institution, finden wir mehr oder weniger drastische Berufungserlebnisse.
Zu den weniger drastischen gehört die Berufung durch körperliche Zeichen.

In Teilen Japans wurden noch im 20. Jahrhundert blind geborene Frauen Schamaninnen. In Ungarn galten Babys, die mit Zähnen geboren wurden oder die „Glückshaube" (Fruchtblase) bei der Geburt auf

Kopf oder Gesicht trugen als auserwählte Schamanen. In vielen Kulturen wurden Kinder mit sechs Fingern oder Zehen zu Schamanen gemacht[95]. Hier stellt sich natürlich die Frage, ob mit den körperlichen Abweichungen von der Norm auch die Fähigkeit zum Schamanisieren verbunden ist. Zweifel sind wohl erlaubt, denn wenn wir Kulturen wie Japan und Ungarn anschauen, dann liegt die Vermutung nahe, dass es sich dort um eine schamanische Kultur im Niedergang handelte, mit einem Schamanismus, der sehr statisch geworden war. So eine Entwicklung führt entweder dazu, dass die schamanischen Techniken verschwinden, oder von einer Großreligion wie Buddhismus, Christentum oder Kapitalismus aufgesogen werden. Der Schamane wird zum Priester, der Riten aus- und aufführt, oder das Ganze wird zur Folklore.

So eindeutig und einfach lässt sich die Schamanenberufung aufgrund körperlicher Zeichen aber nicht abtun. Wir sprechen von genetischen Varianten, wenn ein Baby mit sechs Fingern geboren wird. In schamanischen Kulturen wird die Ursache dieses Zeichens im Wirken der Schamanen-Ahnen gesehen. Welche Ansicht ist „wahr"? Beide Aussagen sind vor allem und zuerst Aussagen über die Weltsicht des Sprechers. Dass sechs Finger an einer Hand keine Bedeutung haben und nur eine genetische Aberration darstellen, weist darauf hin, dass der Sprecher Angehöriger einer positivistischen Weltsicht ist. Seine Weltsicht ist reduktionistisch, weil sie nur materiell Herleitbares und Messbares als real existierend ansieht. Darüber hinaus gibt es nichts.

Der Nichts-als-Weltsicht steht die Mehr-als-Weltsicht gegenüber. In schamanischen Kulturen interessiert die Wirklichkeit hinter der Realität mehr als die materiellen Grundlagen und Ursachen der Dinge. So findet der Angehörige einer schamanischen Kultur die Beschreibung eines Steines als „nichts weiter als Silikate" unbefriedigend. Er

[95] HOPPÁL, Mihály 2002

möchte wissen, was für eine geistige und wirkmächtige Kraft im Stein verborgen liegt. Er ist sich sicher, dass der Stein eine Seele besitzt.

Wenn wir ein Gedankenspiel wagen, in dem beide Weltsichten gleichwertig und „wahr" sind, dann werden angeborene körperliche Zeichen in unserer Kultur vom Zufallsgenerator verteilt, weil Ahnen oder Geister nicht existieren. Wohingegen in schamanischen Kulturen, in denen Wirkmächtigkeiten hinter dem Materiellen und Messbaren existieren, die Ahnen oder Geister körperliche Zeichen benutzen, um sich mitzuteilen.

Aber auch ohne körperliche Zeichen kann das Schamanisieren vererbt werden. Bei einer Variante des Erbschamanentums wird der Schamanenberuf von der Mutter auf eine Tochter oder vom Vater auf einen Sohn weitergeben. Wie bei allen Tätigkeiten sind die Kinder in die Profession ihrer Eltern hineingewachsen. Da aber meist nur ein Kind das Schamanisieren weiterträgt, kann davon ausgegangen werden, dass vom Elternteil nach den Zeichen der Ahnen im Verhalten der Kinder gesucht wurde. Oft überspringt auch die Berufung eine Generation. Wenn dann die Wahl des neuen Schamanenkandidaten den Geister und Ahnen überlassen wird, äussert sich das entweder durch die oben erwähnten Zeichen oder durch die Schamanenkrankheit.

Manches Erbschamanentum ist offener und fordert lediglich, dass Schamanen in der Ahnenreihe vorkommen. Wenn dies nicht der Fall war, konnte es passieren, dass ein Mensch trotz eines Berufungserlebnises von den Clan-Geistern und der Gemeinschaft nicht als Schamanenanwärter anerkannt wurde[96].

In anderen Kulturen bestand aber durchaus die Möglichkeit, ohne den direkten Rückgriff auf Schamanen-Ahnen von den Geistern zum Schamanisieren gezwungen zu werden. Dies geschah wiederum durch Zeichen und/oder die Schamanenkrankheit.

---

[96] FINDEISEN, Hans/GEHRTS, Heino 1983

Die Schamanenkrankheit kann jede/n ereilen und stellt den Königsweg der Berufung zum Schamanen dar. Aber auch hier gibt es Unterschiede von andauernder Kränklichkeit und Antriebslosigkeit bis zu dramatischen Nahtoderlebnissen.

Im heutigen Schamanismus in Süd-Korea ist die Schamanenkrankheit gut dokumentiert. Meist gehen Frauen, die an ständig wechselnden Krankheiten oder psychischen Störungen leiden, oder wiederholt ihre Arbeit oder Angehörigen verlieren schließlich zur Schamanin. Diese stellt dann vielleicht fest, dass die Frau schamanisieren muss.

Andrea Kalff-Cordero, eine Deutsche besuchte, wie so viele andere einen Schamanenkongress in ihrer bayrischen Heimat. Dort traf sie auf eine koreanische Schamanin, beziehungsweise wurde von ihr getroffen.

„*Die südkoreanische Schamanin Kim Keum Hwa erkannte die Berufung und Fähigkeiten, die in Andrea Kalff steckten, und wollte sie sofort zur Schamanin initiieren. Für Andrea ging dies alles viel zu schnell und sie bat um Bedenkzeit, die sie, wie sie heute (...) weiss, nicht hatte. Doch der Weg des Schamanen ist frei und so stimmte ihre Meister Schamanin der Bedenkzeit zu. Einige Wochen später wurde Andreas scheinbar "heile" Welt schwer erschüttert. Sie erhielt eine Krebsdiagnose. Plötzlich wurde für sie ganz klar, dass sie nach Korea musste, und dass sie ihre Berufung als Schamanin annehmen muss und auch die damit aufkommenden Veränderungen für ihr eigenes Leben und auch vor allem für die ganze Familie, mit ihren vier Töchtern. So wurde sie 2006 als erste Europäerin, in den koreanischen Schamanismus initiiert. Sie erhielt in Südkorea ein Naerim Gut Ritual (Initiiationsritual).*"[97]

---

[97] www.schamanin-andrea-kalff.com

Wer von der Schamanenkrankheit getroffen wird, kann nur dann wieder „im Gleichgewicht und in Schönheit auf Großmutter Erde wandeln", wie die Lakota sagen, wenn sie oder er zu schamanisieren anfängt.

In Korea endet die oft jahrelange Lehrzeit bei einer Schamanenmutter mit einer Initiationszeremonie. Die koreanischen Initiationen sind kein Spaziergang. Sie fordern alles und noch mehr von den werdenden Schamaninnen. Manche halten nicht durch und laufen weg[98].

Der Zustand der Schamanenkrankheit kann sowohl schlagartig auftreten als auch lange anhaltend. Die manchmal Jahre dauernden Qualen erfassen den Auserwählten oft in jungen Jahren. Aus Sibirien wird berichtet, dass werdende Schamanen dann in einen Zustand von Weltabgewandtheit gleiten. *„Bis zum Moment des Eintritts in das Schamanenamt durchleben die zum Schamanentum Berufenen eine Zeit qualvoller krankhafter seelischer und körperlicher Leiden. Oft verlören sie völlig den Appetit, zögen sich von den Menschen zurück, würden äusserst nervös, liefen aus dem Haus in Wald und Flur, schliefen häufig draussen im Schnee und führten dort in der Einsamkeit geheimnisvolle Gespräche mit Geistern."*[99]

Die Schamanenkrankheit kann aber auch extremere Formen annehmen, durch eine heftige plötzlich auftretende Krankheit, die bis zum Tode führt. Der Kranke wird manchmal für tot gehalten oder sein unmittelbar bevorstehendes Ende wird erwartet.

„Der Schamane befindet sich wie schlafend; er schläft für die Dauer von drei Tagen und drei Nächten ein und liegt da wie ein Toter. Oder: er liegt vier oder fünf Tage ohne Empfindung da, aus seinem Mund tritt weißer Schaum, aus allen Gelenken rieselt Blut, sein ganzer Körper bedeckt sich mit blauen Blutergüssen, das heißt also mit Stigmata. Er soll

[98] HILTMANN, Jochen/ HYUN Sook Song: *Mein Herz ist eine Flasche.* Film 1994
[99] FINDEISEN, Hans/GEHRTS, Heino 1983, S. 81

daliegen, ohne Sprache, halbtot und kaum atmen; die Bettstatt bedeckt sich mit dickem Blut; er liegt fünf, sechs Tage lang totenähnlich da, ohne sprechen zu können, sein Körper bedeckt sich mit dunklen, blutunter- laufenen Stellen; alles geschieht etwa wie im Traum. Auch Ausschlag wird erwähnt, mit dem er sich bedeckt; ja, er stirbt sogar wirklich, liegt drei Tage lang tot da und wird dann wieder lebendig. Seine Kleidung wird blutig; er liegt da, wie wenn er mit dem Tode kämpfe, er erkrankt so schwer, daß nur noch ein kleiner Lebensrest in ihm bleibt, er trocknet zusammen, magert ab, und manche bleiben sogar ihr ganzes Leben lang Krüppel."[100]

Während der Bewusstlosigkeit dieser Schamanenkrankheit wird im si- birischen Kulturraum der angehende Schamane von den Geistern zer- stückelt. Sein Kopf wird abgetrennt, die Augen aus den Höhlen genommen und auf ein Wandregal gelegt, damit er alles beobachten kann (muss). Mit Eisenhaken werden alle Gelenke auseinander geris- sen. Das Fleisch wird abgeschabt und von den Geistern verspeist.[101]

Der Lakota Heilige Mann (Ehrenbezeichnung für herausragende Lakota Medizinmänner) Nicholas Black Elk ereilte seine Berufungsvi- sion im Alter von neun Jahren.

Während sein Volk noch frei umherzog, hörte der Junge im Tipi eine Stimme, die ihn nach draussen rief. Dort fingen seine Beine an zu schmerzen. Am nächsten Tag war er so krank, dass man ihn auf einem Travoir transportierte. Seine Arme und Beine waren stark angeschwol- len und sein Gedicht aufgedunsen. Als er abends im Tipi lag, schwand sein gewöhnliches Bewusstsein endgültig.

Zwei Männer aus den Wolken holten ihn ab. *„Als ich mich erhob, um ihnen zu folgen, schmerzten mich meine Beine nicht mehr, und ich fühlte mich sehr leicht.*

---

[100] ebda. S. 68
[101] ebda.

Ich trat aus dem Tipi, und von dort, wo die Männer mit den flammen-
den Speeren hingegangen waren, nahte sehr rasch eine kleine Wolke. Sie
kam und ließ sich herab, dann nahm sie mich in sich auf und kehrte zu-
rück, von wo sie gekommen, mit großer Geschwindigkeit."[102] Dort, im
Anderen, durchlebte er seine Große Vision, die aus mehreren Szenarien bestand, die sich in völliger Klarheit und Logik ihm offenbarten.
Sein Erleben beschrieb Black Elk so: *„Und während ich dort stand, sah*
ich mehr, als ich sagen kann, und ich verstand mehr, als ich sah: denn
ich schaute auf heilige Weise die Gestalten aller Dinge im Geiste, und
die Gestalt aller Gestalten, wie sie zusammenleben müssen, als ein
Wesen."[103]

Als sich die Vision dem Ende näherte, sah sich der Junge zum Tipi
seiner Eltern gehen, wo er beim Eintreten sich selber, krank und bewusstlos liegen sah und kurz darauf erwachte.

„Als ich, zu meinem Vater und meiner Mutter zurückgekehrt, dort
aufrecht im Tipi saß, da war mein Gesicht noch ganz gedunsen und
meine Beine und Arme waren arg geschwollen; doch fühlte ich mich voll-
kommen wohl und begehrte sogleich aufzustehen und herumzulaufen.
Meine Eltern ließen das nicht zu. Sie sagten mir, ich sei zwölf Tage krank
gewesen, wie tot dagelegen.
(…)
Jedermann freute sich, dass ich lebte. Doch als ich dalag und an den
wunderbaren Ort dachte, wo ich gewesen, und an alles, was ich gesehen,
da wurde ich sehr traurig. Es schien mir, jeder müsste davon wissen, doch
wagte ich nicht, davon zu erzählen, da ich ahnte, dass niemand mir glau-
ben würde, so klein, wie ich war, denn ich zählte erst neun Jahre."[104]

---

[102] SCHWARZER HIRSCH/NEIHARDT, John 2008, S. 32
[103] ebda. S. 50
[104] ebda. S. 54

Dem kleinen Black Elk ging es also so, wie manchen unserer Zeitgenossen, die ein Nahtoderlebnis hatten, und sich scheuten davon zu sprechen, besonders in der Zeit bevor die Psychiater Elisabeth Kübler-Ross und Raymond Moody begannen, diese Erlebnisse ernst zu nehmen, zu erforschen und publik zu machen.

Einen sehr eindrucksvollen Fall von Schamanenkrankheit durchlebte Eben Alexander, ein US-amerikanischer Neurologe, der von einer so-gut-wie-tödlichen Meningitis heimgesucht wurde. Er lag sieben Tage im Koma. Die Antibiotika schlugen nicht an. Seine Großhirnrinde, der Sitz des Bewusstseins, war total ausgefallen und möglicherweise irreversibel zerstört.

Die Überlebenschancen während seines siebentägigen Komas sanken auf Null, denn niemand hatte jemals erlebt, dass ein Patient mit bakterieller Meningitis den vierten Tag überlebt hätte[105].

Während dieser sieben Tage reiste Eben Alexander in einer anderen „Welt" auf drei Ebenen hin und her.

Diese drei Welten sind die klassischen Räume von Schamanen verschiedener Kulturen. Sie bereisen diese Welten, um abhanden gegangene Seelenanteile oder Seelen Kranker oder jagdbare Tiere zurück zu holen.

„Die schamanische Technik par excellence besteht im Übergang von einer kosmischen Region zur anderen: von der Erde zum Himmel oder von der Erde zur Unterwelt. Der Schamane kennt das Geheimnis des Durchbrechens der Ebenen. Dieser Verkehr zwischen den kosmischen Zonen ist durch die Struktur des Universums möglich gemacht. Diese wird (…) im Grossen aus drei Stockwerken – Himmel, Erde und Unterwelt – bestehend gedacht (…)."[106]

---

[105] ALEXANDER, Eben 2013
[106] ELIADE, Mircea 1980, S. 249

„Das für uns Wichtige liegt darin, dass die Zauberer und Schamanen hienieden und so oft sie wollen das „Heraustreten" aus dem Körper, also den Tod verwirklichen (…). Schamanen und Zauberer dürfen sich des Zustands von „Seelen", von „Desinkarnierten" erfreuen, den der Profane nur im Augenblick seines Todes erreicht."[107] Er ist dazu in der Lage, weil er durch die Schamanenkrankheit und die Initiation bereits einmal gestorben war und die drei Welten bereist hatte.

Während Eben Alexander diese Welten bereiste, hatte er keine Erinnerung an seine Vergangenheit und seine Identität. Er wusste aber, dass er Erselber war und fragte nicht nach dem woher und wohin. Er befand sich im „Ultra-Realen" und nahm mit scharfen Bewusstsein alles wahr und in sich auf.

In der Unterwelt

„Es herrschte Dunkelheit, aber eine sichtbare Dunkelheit – als sei ich in Schlamm getaucht, aber dennoch in der Lage hindurchzuschauen. Oder vielleicht ist der Vergleich mit schmutziger Götterspeise treffender. Transparent, aber in einer trüben, verschwommenen, klaustrophobischen und erstickenden Weise.

(…)

Auch ein Geräusch: ein tiefes, rhythmisches Pochen, fern und doch stark, sodass jeder Schlag durch und durch geht. Wie ein Herzschlag? Ein bisschen, aber dunkler, mechanischer – wie der Klang von Metall auf Metall, als hämmere ein gigantischer, unterirdischer Schmied irgendwo in der Ferne auf seinem Amboss herum – so fest, dass der Schlag durch die Erde

---

[107] ebda. S. 443

vibriert oder durch den Schlamm oder was immer das ist, was dich um-
gibt.

Ich hatte keinen Körper – jedenfalls keinen, den ich wahrgenommen
hätte. Ich war einfach ... da, an diesem Ort der pulsierenden, hämmern-
den Dunkelheit. Ich hätte diesen Zustand vielleicht »uranfänglich« ge-
nannt. Doch zu der Zeit, in der ich mich darin befand, stand mir dieses
Wort nicht zur Verfügung. Ja, ich hatte überhaupt keine Worte mehr.
(...)

Wie lange habe ich mich in dieser Welt aufgehalten?
(...)

Als es passierte, als ich dort war, fühlte ich mich (was immer »ich« war),
als sei ich schon immer dort gewesen und als würde ich immer dort sein.
Und es kümmerte mich auch nicht, jedenfalls zunächst nicht.
Warum sollte es auch, wo dieser Seinszustand doch der einzige war, den
ich jemals gekannt hatte? Weil ich keine Erinnerung an irgendetwas Bes-
seres hatte, störte ich mich auch nicht besonders daran, wo ich war.
(...)

Ich kann nicht sagen, wann genau es passiert ist, aber an einem bestimm-
ten Punkt nahm ich einige Objekte um mich herum wahr. Sie waren ein
wenig wie Wurzeln und ein wenig wie Blutgefäße in einem gewaltigen,
schlammigen Mutterleib. Sie strahlten ein dunkles, schmutziges Rot aus
und reichten von einem Ort ganz weit oben bis zu einem anderen Ort
ebenso weit unten. Im Nachhinein betrachtet fühlte ich mich wie ein
Maulwurf oder Regenwurm, der tief in der Erde vergraben ist, aber den-
noch irgendwie in der Lage ist, das wirre Muster des Wurzelwerks wahr-
zunehmen, das ihn umgibt. Deswegen habe ich diesen Ort, als ich später
daran zurückdachte, als Reich der Regenwurmpespektive bezeichnet.
(...)

Mein Bewusstsein war keineswegs getrübt oder verzerrt, als ich dort war. Es war nur … eingeschränkt. Ich war kein Mensch, während ich an diesem Ort war. Ich war noch nicht einmal ein Tier. Ich war etwas, das sich vor und unterhalb von all dem befand. Ich war einfach nur ein einsamer Bewusstseinspunkt in einem zeitlosen rot-braunen Meer.

Je länger ich jedoch an diesem Ort verweilte, desto weniger wohl fühlte ich mich dort. Zunächst war ich so tief darin eingetaucht, dass es keinen Unterschied mehr gab zwischen »mir« und dem halb gruseligen, halb vertrauten Element, das mich umgab. Aber allmählich machte dieses Gefühl der tiefen, zeit- und grenzenlosen Versenkung etwas anderem Platz: dem Gefühl, dass ich keineswegs ein Teil dieser unterirdischen Welt war, sondern vielmehr darin gefangen.

Timofei Stepanov: Zerteilung eines Schamanen[108]

---

[108] STEPANOV, Timofei, Foto D. FALARZIK 1991

Groteske Tiergesichter kamen blubbernd aus dem Schlamm hervor, stöhnten oder krächzten und verschwanden wieder. Ab und zu hörte ich ein dumpfes Brüllen.

Manchmal wandelte sich das Brüllen in einen gedämpften, rhythmischen Singsang, der sowohl erschreckend als rauch auf eigenartige Weise vertraut war – als hätte ich all diese Laute irgendwann gekannt und selbst von mir gegeben."[109]

„Weil ich keine Erinnerung an eine frühere Existenz hatte, erstreckte sich meine Zeit in diesem Reich bis in weite, weite Fernen. Monate? Jahre? Eine Ewigkeit? Wie auch immer die Antwort lauten mochte, ich kam irgendwann an einen Punkt, wo. das unheimliche, gruselige Gefühl die Oberhand über das heimelige, vertraute Gefühl bekam. Je mehr ich mich wie ein Ich zu fühlen begann – wie etwas, das von dem Kalten und Nassen und Dunklen um mich herum getrennt war –, desto hässlicher und bedrohlicher wurden die Gesichter, die aus jener Dunkelheit hervorblubberten.

(...)

Dann nahm ich einen Geruch wahr: ein bisschen wie Kot, ein bisschen wie Blut, ein bisschen wie Erbrochenes. Mit anderen Worten: ein biologischer Geruch, doch es roch nach biologischem Tod, nicht nach biologischem Leben. Während meine Wahrnehmung schärfer und immer schärfer wurde, wuchs meine Panik. Wer immer oder was immer ich war, ich gehörte nicht hierher. Ich musste hier raus.

Doch wohin?

Noch während ich diese Frage stellte, tauchte etwas Neues über mir aus der Dunkelheit auf – etwas, das nicht kalt oder tot oder dunkel war, sondern das genaue Gegenteil von all dem."[110]

---

[109] ALEXANDER, Eben 2013, S. 48-51
[110] ALEXANDER, Eben 2013, S. 51f.

In der Mittleren Welt

Eben Alexanders Doppel oder Selbst gelangte in die Mittlere Welt, die die uns bekannte Welt auf diesem Planeten repräsentiert. Wie wir sehen werden, stellt die Mittlere Welt ein idealtypisches Modell des Kosmischen Plans, Sektion Erde, Abteilung Mensch dar. Die idealtypischen Modelle für Feldhamster oder Gänseblümchen sähen anders aus.

„Etwas war in der Dunkelheit aufgetaucht. Es drehte sich langsam und strahlte dabei dünne Fäden aus weiß-goldenem Licht aus. Als das geschah, begann die Dunkelheit um mich herum zu zersplittern und auseinanderzufallen.

Dann hörte ich ein neues Geräusch: einen lebendigen Klang. Es folgte das prächtigste, vielschichtigste, schönste Musikstück, das ich je gehört hatte. Während sich ein reines, helles Licht herabsenkte, wurde die Musik immer lauter und löste das monotone, mechanische Pochen ab, das bis dahin seit gefühlten Äonen mein einziger Begleiter gewesen war.

Das Licht kam näher und immer näher, drehte und drehte sich und brachte diese Fäden aus reinem, hellem Licht hervor, die, wie ich jetzt sah, hier und da mit Gold gesprenkelt waren.

(…)

Eine Öffnung tat sich auf. Ich schaute überhaupt nicht mehr auf das sich langsam drehende Licht, sondern durch es hindurch.

(…)

[Er stieg auf in] die eigenartigste, schönste Welt, die ich je gesehen hatte. Großartig, lebendig, ekstatisch, atemberaubend …

(…)

Ich fühlte mich, als würde ich geboren. Ich fühlte mich, als würde ich geboren. Nicht wiedergeboren oder neu geboren. Einfach nur geboren.

Unter mir lag eine Landschaft. Sie war grün, üppig und erdähnlich. Es war die Erde … aber gleichzeitig auch nicht. Es war etwa so, als würden

Sie mit Ihren Eltern an einen Ort zurückkehren, wo Sie als ganz kleines Kind ein paar Jahre verbracht haben. Sie glauben, den Ort nicht zu kennen. Aber während Sie sich umschauen, zieht Sie etwas an, und Sie erkennen, dass ein Teil von Ihnen – ein Teil ganz tief in Ihrem Inneren – sich sehr wohl an diesen Ort erinnert und sich freut, wieder dort zu sein. Ich flog über Bäume und Felder, Flüsse und Wasserfälle, hier und da auch über Menschen. Kinder waren auch darunter. Sie lachten und spielten. Die Menschen sangen und tanzten in Kreisen, und manchmal sah ich einen Hund, der um sie herum und an ihnen hochsprang, weil die Menschen so voller Freude waren.

Sie trugen einfache und dennoch schöne Kleider, und ich hatte den Eindruck, dass die Farben dieser Kleider dieselbe Art von Wärme ausstrahlten wie die Bäume und die Blumen, die in der Landschaft um sie herum grünten und blühten.

(…)

Obwohl ich nicht wusste, wo ich mich befand, und noch nicht einmal, was ich war, bestand für mich an einer Sache kein Zweifel: Der Ort, an dem ich mich plötzlich wiederfand, war vollkommen real.

(…)

Aber an einem bestimmten Punkt wurde mir klar, dass ich dort oben nicht allein war. Jemand war ganz nah bei mir: eine schöne junge Frau mit hohen Wangenknochen und tiefblauen Augen. Sie trug die gleiche bäuerliche Kleidung wie die Menschen dort unten. Goldbraune Locken umrahmten ihr liebliches Gesicht. Wir schwebten gemeinsam auf einer kompliziert gemusterten Oberfläche in unbeschreiblichen, strahlenden Farben: dem Flügel eines Schmetterlings. Genau genommen waren Millionen von Schmetterlingen überall um uns herum. Gewaltige, flatternde Wellen aus Schmetterlingen tauchten in die Vegetation und kamen wieder zu uns zurück. Es waren keine einzelnen, von den anderen getrennten Schmetterlinge, die auftauchten, sondern alle zusammen – als bewege sich ein Fluss aus Leben und Farbe durch die Luft. Wir flogen in träge verschlungenen Formationen, vorbei an blühenden Blumen und Knospen an den Bäumen, die sich öffneten, als wir näherkamen.

Die Kleidung der jungen Frau war einfach, aber die Farben – Puderblau, Indigo und ein zartes Pfirsich-Orange – hatten die gleiche überwältigende, plastische Lebendigkeit wie alles andere, wovon wir umgeben waren. Sie schaute mich an. Und hätten Sie diesen Blick nur wenige Momente sehen können, hätte er Ihnen das Gefühl gegeben, dass sich Ihr ganzes Leben bis zu diesem Zeitpunkt gelohnt hat, wie immer es bisher auch verlaufen sein mag. Es war kein romantischer Blick. Es war kein freundschaftlicher Blick. Es war ein Blick, der irgendwie über all das hinausging ... über all die verschiedenen Arten von Liebe, die wir hier auf der Erde kennen. Es war etwas Höheres, das all die anderen Arten von Liebe in sich trug und gleichzeitig echter und reiner war als sie alle zusammen.

Ohne auch nur ein Wort zu sagen, sprach sie zu mir. Die Botschaft ging durch mich hindurch wie ein Wind, und ich verstand sofort, dass sie wahr war. Ich wusste es auf dieselbe Weise, wie ich wusste, dass die Welt um uns herum real war – keine Fantasie, nichts Flüchtiges und Substanzloses.

(...)

»Du wirst für immer zutiefst geliebt und geschätzt.«
»Du hast nichts zu befürchten.«
»Du kannst nichts falsch machen.« [111]

Alexander und seine Begleiterin schweben auf einem Schmetterlingsflügel durch einen Raum, der von Millionen Schmetterlingen gebildet ist. Dieses Bild ist eine belebte Geometrie. Das Auftauchen geometrischer Muster ist ein Zeichen für Trance.

[111] ebda. S. 59-63

Nicholas Black Elk sah sie auch während einer Visionssuche.

„Und wie ich noch weinte, sah ich etwas aus dem Süden herannahen. Aus der Ferne sah es aus wie Staub, doch als es näher kam erkannte ich es als eine Wolke von schönen Schmetterlingen aller Farben. Sie umflatterten mich in so dichter Menge, dass ich nichts anderes mehr sehen konnte."[112][113]

Der Frühgeschichtler Jean Clottes und der Anthropologe David Lewis-Williams interpretieren die europäische paläolithische Kunst in Höhlen und Kleinskulpturen (von ca. 40 000 bis ca. 11 000) als Darstellung von Visionen, die in drei aufeinander folgenden Stadien der Trance erlebt werden.

Das erste Stadium ist durch das Auftreten geometrischer Muster gekennzeichnet.

Dann erfolgt eine erste Einkleidung, die abstrakte Geometrie nimmt Formen an. Die Formen entstammen den Bildern der eigenen Kultur.

„In die dritte Phase gelangt man durch eine Art Strudel oder Tunnel. Die beteiligten Personen fühlen sich in einen Wirbel gezogen, an dessen Ende ein helles Licht strahlt. An den Seiten dieses Trichters befinden sich Gittermuster, sie wurden von den geometrischen Formen aus der ersten Phase übernommen. Nun treten die ersten echten Halluzinationen ein: In den Unterteilungen dieses Gitters nimmt man Menschen, Tiere und andere Wesen oder Gegenstände wahr. Wenn man den Tunnel schließlich durch sein entlegenes Ende verlässt, findet man sich in der fremdartigen Welt der Trance wieder; Ungeheuer, Menschen und die gesamte Szenerie sind von einer eindringlichen Realität."[114]

---

[112] SCHWARZER HIRSCH/NEIHARDT, John 2008, S. 175
[113] Der altgriechische Begriff Psyche bedeutet Atem oder Rauch. In der griechichen Mythologie steht er aber auch für Schmetterling.
[114] CLOTTES, Jean/LEWIS-WILLIAMS, David 1997, S. 16

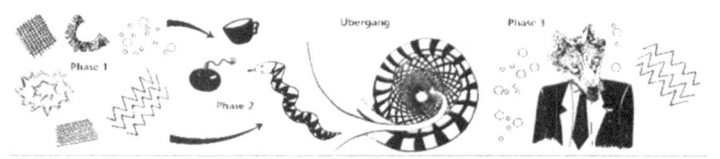

Trancestadien[115]

In meinen eigenen Meditationen und Tranceübungen sehe ich ganz bescheiden, aber immerhin, gewebte Stoffe, die sich, wie von einem Lüftchen bewegt, leicht wellen. Allerdings verschwinden sie vom Hinsehen gleich wieder. Bei den täglichen kurzen Übungen reicht es nicht zu mehr.

Johann Wolfgang von Goethe kam da schon weiter. Wen wundert's.

„Wenn ich die Augen schloss und mit niedergesenktem Haupte mir in der Mitte des Sehorgans eine Blume dachte, so verharrte sie nicht einen Augenblick in ihrer ersten Gestalt, sondern sie legte sich auseinander und aus ihrem Innern entfalteten sich wieder neue Blumen aus farbigen, auch wohl grünen Blättern; es waren keine natürlichen Blumen sondern phantastische, jedoch regelmäßig, wie die Rosetten der Bildhauer. Es war unmöglich die hervorquellende Schöpfung zu fixieren, hingegen dauerte sie so lange als mir beliebte, ermattete nicht und verstärkte sich nicht. Dasselbe konnt' ich hervorbringen, wenn ich mir den Zierrath einer buntgemalten Scheibe dachte, welcher denn ebenfalls aus der Mitte gegen die Peripherie sich immerfort veränderte, völlig wie die in unseren Tagen erst erfundenen Kaleidoskope.'[116]

Goethes Kaleidoskope und die Schmetterlingsräume Alexanders und Nicholas Black Elks weisen die besondere Form der Fraktalen Geometrie auf. Der Begriff stammt aus der Mathematik. Ausserdem ist die

---

[115] ebda. S. 14
[116] GOETHE, Johann Wolfgang 1823, S. 114 f.

fraktale Struktur ein Konstruktionselement der Natur und in Kristallen und zum Beispiel im Blumenkohl Romanesco zu finden.

Fraktale in der Natur: Romanesco[117]

Der Aufbau umfassender Gebilde entsteht dabei durch die Wiederholung derselben Form zum Beispiel ein Raum, bestehend aus Schmetterlingen.

Fraktale als Design fanden in den 1960er Jahre in der psychodelischen Kunst große Verbreitung. Mit ihnen versuchte man die optischen Erlebnisse unter Einwirkung psychotroper, bewusstseinsverändernder Drogen wiederzugeben.

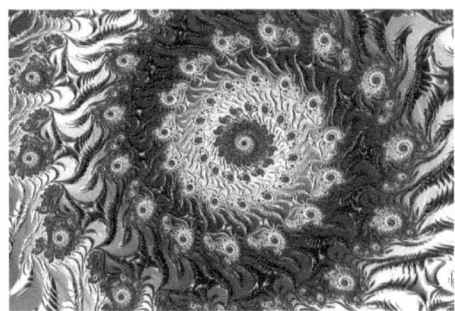

Fraktale Grafik[118]

[117] Pixabay.com
[118] Pixabay.com

Oberwelt 1

Aus der Mittleren Welt, die Alexander den Übergangsbereich nennt, wurde er zur Oberwelt geführt. Im klassischen Schamanismus muss der Schamane, die Schamanin oft mehrere Oberwelten (und Unterwelten) durchreisen, um zum Ziel zu gelangen. Deshalb teile ich seine Oberwelt in zwei Stadien ein.

„Mittlerweile war ich an einem Ort voller Wolken.

Große, bauschige, rosa-weiße Wolken, die sich scharf gegen den tief schwarz-blauen Himmel abhoben.

Über den Wolken – unermesslich viel höher zogen Scharen von durchsichtigen Kugeln über den Himmel und ließen lange, wie Luftschlangen aussehende Streifen hinter sich.

Vögel? Engel? Diese Worte meldeten sich, während ich meine Erinnerungen niederschrieb. Aber keines davon wird diesen Wesen gerecht, die sich deutlich von dem unterschieden, was ich bisher kannte. Sie waren weiter entwickelt. Höher.

Ein Klang, gewaltig und volltönend wie ein herrlicher Gesang, erschallte von oben, und ich fragte mich, ob es wohl die geflügelten Wesen waren, die ihn hervorbrachten.

Der Klang war greifbar und fast materiell wie ein Regen, den man zwar auf seiner Haut spüren kann, der einen aber nicht nass macht.

Sehen und Hören waren nicht voneinander getrennt an diesem Ort, an dem ich mich nun aufhielt. Ich konnte die sichtbare Schönheit der silbrigen Körper jener funkelnden Wesen über mir hören und die wogende, freudvolle Vollkommenheit dessen, was sie sangen,

sehen. Es schien, als könne man sich in dieser Welt nichts anschauen oder anhören, ohne ein Teil davon zu werden – ohne sich auf irgendeine mysteriöse Weise damit zu verbinden.

(…)

Ein warmer Wind wehte (…).

(…)

Eine göttliche Brise. Sie veränderte alles, brachte die Welt um mich herum auf eine höhere Oktave, versetzte sie in eine höhere Schwingung. Obwohl meine Sprachfunktion noch immer kaum vorhanden war, zumindest nach unseren irdischen Vorstellungen nicht, fing ich an, diesem Wind – und dem göttlichen Wesen, das ich dahinter oder darin am Werk spürte – wortlose Fragen zu stellen.

Wo ist dieser Ort?
Wer bin ich?
Warum bin ich hier?

Jedes Mal, wenn ich in der Stille eine solche Frage aufwarf, kam die Antwort sofort, und zwar in Form einer Explosion aus Licht, Farbe, Liebe und Schönheit, die wie eine hohe Welle durch mich hindurchfegte. Was so wichtig an diesen Ausbrüchen war: Sie löschten meine Fragen nicht einfach aus, überwältigten sie nicht. Sie beantworteten sie, aber auf eine Art und Weise, die keine Sprache brauchte. Die Gedanken drangen direkt in mich ein. Aber es waren keine Gedanken, wie wir sie auf der Erde haben. Sie waren nicht vage, immateriell oder abstrakt. Diese Gedanken waren massiv und unmittelbar – heißer als Feuer und nasser als Wasser –, und während ich sie empfing, war ich auf der Stelle und ohne jede Anstrengung in der Lage, Konzepte zu begreifen, für deren Verständnis ich in meinem irdischen Leben Jahre gebraucht hätte."[119]

---

[119] ALEXANDER, Eben 2013, S. 69-73

Oberwelt 2

„Ich bewegte mich noch weiter und ging alsbald in eine gewaltige Leere ein – vollkommen dunkel, unermesslich groß, aber auch unendlich tröstlich. Sie war rabenschwarz, floss aber gleichzeitig über vor Licht – einem Licht, das aus einer strahlenden Kugel zu kommen schien, die ich jetzt direkt neben mir spürte. Diese Kugel lebte und war fast materiell, wie die Lieder der Engelwesen es gewesen waren.

Meine Situation ähnelte seltsamerweise der eines Fötus im Mutterleib. Der Fötus schwebt im Mutterleib mit seiner stillen Partnerin, der Plazenta, die ihn ernährt und als Vermittlerin zu der überall präsenten und doch unsichtbaren Mutter fungiert. In diesem Fall war die »Mutter« Gott, der Schöpfer, die Quelle, die für die Entstehung des ganzen Universums verantwortlich ist. Dieses Wesen war so nah, dass es überhaupt keine Distanz mehr zwischen Gott und mir selbst gab. Aber gleichzeitig konnte ich die unendliche Weite des Schöpfers spüren, konnte sehen, wie winzig klein ich im Vergleich zu ihm war. Ich werde Gott gelegentlich Om nennen, weil ich diese Bezeichnung für ihn ursprünglich in meinen Aufzeichnungen nach dem Koma benutzt habe.

»Om« war der Klang, den ich im Zusammenhang mit dem allwissenden, allmächtigen und bedingungslos liebenden Gott gehört hatte, aber jede Beschreibung von ihm greift zu kurz.

Die reine Weite, die das Om und mich trennte, war, wie ich erkannte, der Grund, warum die Lichtkugel mein Begleiter war. Ich konnte es zwar nicht ganz begreifen, aber ich war mir dennoch sicher, dass diese Kugel eine Art »Übersetzer« zwischen mir und dieser außerordentlichen Präsenz bildete, die mich umgab.
(…)

Das Wechselspiel aus Fragen und Antworten wurde fortgesetzt. Obwohl wir nach wie vor nicht in Form einer Sprache, wie wir sie kennen, kommunizierten, war die »Stimme« dieses Wesens warm und – ich weiß, das mag seltsam klingen – persönlich. Es verstand die Menschen und verfügte über Eigenschaften, die wir auch haben, nur in einem unendlich größeren Ausmaß. Es kannte mich in- und auswendig und sprudelte über vor Eigenschaften, die ich mein ganzes Leben lang mit menschlichen Wesen – und nur mit menschlichen Wesen – in Verbindung gebracht hatte: Wärme, Mitgefühl, Pathos … ja, sogar Humor und Ironie.

Über die Lichtkugel teilte das Om mir mit, dass es nicht nur ein Universum gibt, sondern viele – in der Tat mehr, als ich begreifen konnte. (…)

Ich sah den Überfluss des Lebens in den zahllosen Universen, auch in manchen, in denen die Intelligenz sehr viel weiter entwickelt war als die der Menschheit auf der Erde. Ich sah, dass es unzählige höhere Dimensionen gibt und dass die einzige Möglichkeit, diese Dimensionen kennenzulernen, darin besteht, sich dort hineinzubegeben und sie direkt zu erfahren. Sie können von einer niedrigeren Dimension aus nicht erkannt oder verstanden werden."[120]

Dann kehrt Alexander wieder in die Unterwelt zurück.

„Wie lange war ich dort in dieser Zeit? Auch davon habe ich keine wirkliche Vorstellung – keine Möglichkeit, es einzuschätzen. Ich weiß aber sehr wohl, dass es nach meiner Rückkehr in die unteren Bereiche eine Weile dauerte, bis ich herausfand, dass ich eine gewisse Kontrolle über meinen Kurs hatte und nicht länger in dieser unteren Welt gefangen war. Wenn ich mich mit aller Konzentration anstrengte, würde ich wieder zu den höheren Ebenen aufsteigen können. An einem gewissen Punkt in den düsteren Tiefen wünschte ich mir, die kreisende Melodie würde zurückkehren. Nachdem ich zunächst ein wenig kämpfen musste, um mich an die Töne zu erinnern, blühte die herrliche Musik wieder in meinem Bewusstsein auf und mit ihr die kreisende Lichtkugel, der sie entströmte.

[120] ebda. S. 71-73

Wieder bahnten sie sich ihren Weg durch die geleeartige Brühe, und ich fing an aufzusteigen.

Ich fand allmählich heraus, dass man in den höheren Welten nur in der Lage sein musste, etwas zu kennen und daran zu denken, um sich dorthin zu bewegen. Wenn ich an die kreisende Melodie dachte, erklang sie, und wenn ich mich nach den höheren Welten sehnte, gelangte ich dorthin. Je vertrauter mir die höhere Welt wurde, desto leichter fiel es mir, dorthin zurückzukehren. In der Zeit, in der ich mich außerhalb meines Körpers befand, gelang es mir beliebig oft, mich aus der schlammigen Dunkelheit des Reiches der Regenwurmperspektive zur grünen Herrlichkeit des Übergangsbereichs und in die schwarze, aber heilige Dunkelheit des Zentrums zu bewegen und wieder zurück. Wie oft, kann ich nicht genau sagen – wieder, weil sich die Zeit, wie sie dort war, nicht in unser Verständnis von Zeit hier auf der Erde übertragen lässt. Aber jedes Mal, wenn ich das Zentrum erreichte, tauchte ich noch tiefer ein als zuvor und erfuhr noch mehr auf diese jeder verbalen Kommunikation überlegene Weise, in der in den Welten über der unseren alle Dinge vermittelt werden."[121]

Wenn wir die Bilder der Archetypen Jungs mit den Trancestadien von Clotte/Lewis-Williams und den Visionen Alexanders vergleichen, fallen drei Formelemente ins Auge: 1. Geometrische Muster, 2. Humanoide Gestalten, 3. Monster, 4. Tiere.

Es stellt sich die Frage, ob hier nicht zwei unterschiedliche Kategorien vorliegen, nämlich organische Erscheinungen und anorganische (geometrische) Erscheinungen. Die Zusammenfassung beider Muster durch Jung in die gemeinsame Kategorie der archetypischen Bilder wäre dann zu hinterfragen.

---

[121] ebda. S. 102f.

Auch die Trancestadien von Clottes/Lewis-Williams würden nicht zwingend bei den figurativen Gestalten enden, besonders, wenn wir Alexanders schwarzes Licht des Om als Zielort erkennen. Der Raum des schwarzen Lichts führt wieder hinaus aus der Gegenständlichkeit in die Abstraktion. Dieses strahlende Licht der Dunkelheit, dass Eben Alexander sah, kommentiert er mit den Worten des christlichen Dichters Henry Vaughn aus dem 17. Jahrhundert:

> *„In Gott ist, sagen manche, eine tiefe und doch blendende Dunkelheit…"* Er fährt fort: *„Genau das war es: eine tiefschwarze Dunkelheit, die zugleich übervoll von Licht war."*[122]

Der Sićanġu-Lakota Medizinmann Wallace Black Elk (1921 – 2004) (nicht verwandt mit Nicholas Black Elk) erwähnt in dem Buch „Black Elk" mehrmals das schwarze Licht[123]. Die Lakota Reinigungszeremonie in der Schwitzhütte und die Heilungszeremonien in Häusern oder Zeremonialhütten finden im Stockdunkeln statt. Wallace Black Elk nennt diese absolute Finsternis das Schwarze Licht. Auf einer seiner Visionssuchen kam das Schwarze Licht zu ihm.

> *„Als die schwarze Gebetsfahne herab fiel, brachte sie das schwarze Licht und es war stockdunkel. Total schwarz. Oben auf der Spitze war ein Licht, wie ein Flutlicht. Dann erschien ein Mann. Er sprang gleich (in den Visionssplatz) hinein. Er war eine Erscheinung, wie wir, nur, dass er vollkommen schwarz war, wie ein Schatten.*
>
> *(…)*
>
> *Dann sagte er: „Du betest zum hellen Licht. Du betest zu diesem schwarzen Licht. Ich bin ein Geist. Ich bin heilig." Dann ging er zurück in die Wolken und verschwand. Sobald er den Altar (Visionssplatz) verlassen hatte, kam das schwarze Licht zurück. Auf jene Art habe ich diese Dinge*

---

[122] VAUGHN, Henry in Alexander, Eben 2013, S. 72
[123] BLACK ELK, WALLACE/Lyon, William S. 1990

gelernt. So habe ich erfahren, dass es ein schwarzes Licht genauso wie ein helles Licht gibt."[124]

Über die Schwitzhütte schreibt er: „*Also haben wir die Tür geschlossen und dann kam das schwarze Licht herein und das Feuer (wahrscheinlich Lichtfunken) war da. Wir haben also helles Licht und schwarzes Licht. Wenn das schwarze Licht herein kommt, dann kommen die Geister herein, verstehst du?*"[125]

An anderer Stelle erwähnt er, dass Sterbende in das Schwarze Licht eintreten und dann in der Lage sind, Geister zu sehen[126].

Die Transformation zum Schamanen

Nach der Schamanenkrankheit und ihrer Heilung ist der Berufene aber noch kein Schamane. Es folgt eine Unterweisung von Seiten der Geister und eines älteren Schamanen. Wie wir bei Andrea Klaff-Coredo gesehen haben, muss am Anfang der Berufung nicht unbedingt die Schamanenkrankheit stehen. Bei ihr kam sie später, als Druckmittel, was durchaus üblich ist. Erst dann suchte sie ihre Mutterschamanin auf und beugte sich dem Diktat der Transformation.

Wird ein potentieller Schamane „entdeckt", kann die Unterweisung also direkt beginnen. Der werdende Schamane muss Kontakt zu den Geistern bekommen. Er muss ihnen vorgestellt werden.

---

[124] „When the black robe came down, it brought the black light, and it was pitch dark. There was a light on top, like a floodlight. Then a man appeared. He jumped right in. He was a figure like us, only he was all black like a shadow. (...) Then he said, „You pray to the bright light. You pray to the black light. I'm a spirit. I'm sacred." Then he went back into the clouds and disappeared. As soon as he left the altar (Visionsplatz), that black light came back. So I learned these things that way. So I realized that there was a black light as well as a bright light." Black Elk, Wallace/Lyon, William S. 1990 S. 133

[125] „So we closed the door, and then that black light came in, and the fire was   there. So we have bright light and black light. When the black light comes in, then the spirits come in, see?" Black Elk, Wallace/Lyon, William S. 1990 S. 83

[126] ebda.

Igjugarjuk ein Inuit aus der Hudson Bay Gegend erzählte Knud Rasmussen wie er Schamane geworden war.

„Unterwiesen wurde ich vom Vater meiner Frau, Pergánâq. Als ich vor Pingá[127] und Hila gebracht werden sollte, zog er mich auf einem kleinen Schlitten, der nicht größer war, als daß ich eben drauf sitzen konnte. Er zog mich weit fort, bis zur andern Seite des Hikoligjuaq. Es war eine sehr lange Tagesreise ins Landesinnere bis hin zu einem Ort, den wir Kíngârjuit nennen: die hohen Berge, die bei Tikerarjuaq liegen (an der Südostküste des Hikoligjuaq). Es herrschte Winter und war in der Nacht, bei Neumond. Man konnte den Mond gerade erst als haarfeine Sichel sehen, er war eben am Himmel aufgezogen. Man holte mich erst wieder ab, als der nächste Mond die gleiche Größe hatte. An dem Ort, an dem ich bleiben sollte, baute Pergánâq einen kleinen Iglu, und der war eben groß genug, daß ich ein Dach überm Kopf hatte und mich hinsetzen konnte. Man gab mir kein Schlaffell, mich gegen die Kälte zu schützen, nur ein Stückchen Karibufell, um drauf zu sitzen. Dort wurde ich eingeschlossen: Der Eingang wurde mit einem Block verschlossen, aber es wurde kein loser Schnee über den Iglu geworfen, ihn warm zu machen. Als ich fünf Tage lang dort gesessen hatte, kam Pergánâq mit Wasser, lauwarm, in einem Karibufell, in einem wasserdichten Karibufellbeutel. Erst fünfzehn Tage später kam er wieder und gab mir ein gleiches; blieb nur so lange, bis er es mir gegeben hatte, und war dann wieder verschwunden, denn selbst der alte Schamane darf meine Einsamkeit nicht stören.

Der Iglu, in dem ich saß, war fernab von den Pfaden der Menschen errichtet worden, und als Pergánâq die Stelle gefunden hatte, die er für die richtige hielt, stellte er den kleinen Schlitten in einiger Entfernung ab, und dort mußte ich sitzen bleiben, bis der Iglu fertig war. Nicht einmal ich, der ich mich ja schließlich dort aufzuhalten hatte, durfte einen

---

[127] Himmelsgöttin

Fußabdruck in der Nähe des Iglus hinterlassen. So mußte der alte Pergánâq mich vom Schlitten rübertragen zum Iglu, damit ich heineinkriechen konnte.(Sobald ich alleine da saß, schärfte mir Pergánâq ein, die ganze Zeit über, die ich dort sein sollte, nur an ein Einziges zu denken, nur ein Einziges zu begehren, nämlich Pingas Aufmerksamkeit darauf zu ziehen, daß ich dort saß und ein Schamane werden wollte: Pina sollte mich besitzen. Diese Prüfung fand mitten im kältesten Winter statt, und da ich die ganze Zeit nichts bekam, um mich zu wärmen, und ich mich nicht bewegen durfte, war ich ganz kalt, und es war so anstrengend, dort sitzen zu müssen und sich nicht hinlegen zu getrauen, daß ich manchmal meinte, ich sterbe ein wenig. Erst gegen Ende der dreißig Tage kam dann ein Helfergeist zu mir, eine wunderbare und schöne Frau, die ich mir nie so vorgestellt hatte. Sie war eine weiße Frau. Sie kam zu mir, als ich vor Erschöpfung zusammengebrochen war und schlief. Aber dennoch sah ich sie lebensecht, wie sie über mir schwebte, und von dem Tag an konnte ich meine Augen nicht mehr schließen oder träumen, ohne sie zu sehen.

Das ist das Merkwürdige an meinem Helfergeist, daß ich sie niemals im Wachen gesehen habe, immer nur in Träumen. Pinga hatte sie zu mir gesandt, und sie war ein Zeichen, daß Pinga mich nunmehr bemerkt hatte und mir die Kräfte verleihen würde, die mich zum Schamanen machten.

Als ein neuer Mond angezündet wurde und die gleiche Größe hatte wie der, der uns beim Verlassen des Dorfes geschienen hatte, kam Pergánâq mit seinem kleinen Schlitten wieder und machte in großem Abstand vom Iglu halt. Zu diesem Zeitpunkt war ich nicht mehr sehr am Leben und hatte nicht die Kraft aufzustehen, tatsächlich konnte ich nicht mal auf meinen eigenen Füßen stehen. Pergánâq zerrte mich aus dem Iglu und schleppte mich zum Schlitten und zog mich in derselben Weise nach Hause, wie er mich nach Kíngârjuit gezogen hatte. Ich war unterdessen so völlig ausgezehrt, daß die Adern an meinen Händen und an

Körper und Füßen ganz zurückgetreten waren. Eine ganze Zeitlang durfte ich nur sehr wenig essen, damit sich meine Eingeweide allmählich wieder weiten konnten, und später kam dann die Nahrung, die dazu beitragen sollte, meinen Körper zu reinigen.

Ein ganzes Jahr lang durfte ich nicht mit meiner Frau schlafen, die mir jedoch das Essen bereiten mußte. Ein ganzes Jahr lang mußte ich meinen eigenen Kochtopf haben; niemand sonst durfte von dem essen, was für mich gekocht worden war.

Später, als ich wieder ganz ich selbst geworden war, begriff ich, daß ich zum Schamanen meines Dorfes geworden war."[128]

Auch heute wird niemand Schamane/Schamanin, ohne mittels erheblichen Leidens den Geistern vorgestellt zu werden.

„Joel", einem jungen kiffenden US-Amerikaner, der eigentlich nur einen Sommer an einem kanadischen See im Kanuverleih jobben wollte, erging es so. Er wurde von einem Dogrib Schamanen „entdeckt" und fiel gleich bei seiner ersten Zeremonie in tiefe Trance.

Die erste Sitzung: Der Ruf

„Ich ging Adamie in seinem Haus besuchen. Es war eine Sitzung in Gang. Adamie schamanisierte, heilte eine kranke Frau. Plötzlich schien das Trommeln lauter und lauter zu werden. Die Lautstärke wurde unerträglich. Es war ein Gellen wie Donner überm See. Tierschreie durchschnitten das Dunkel, als Adamie aufsprang. Das Metall, das an ihm runterhing, bimmelte wie tausend wildgewordene Glocken. Ich stürzte in einen inneren Aufruhr. Ich sah große Vögel durch das Zimmer rauschen. Eine Kraft zog mich in das Tanzen und Tosen. Zeit war dahin. Ich wollte von meinem Platz aufspringen und wild schreien. Das Blut stieg mir in den Kopf, bis mir war, als müßte es aus Augen und Mund herausplatzen.

---

[128] HALIFAX, Joan 1981, S. 87-89

Ich starrte Adamie an, und mein Körper zuckte in heftigen Krämpfen. Ich blickte auf die anderen im Zimmer. Sie waren so fern, wie Mumien. Meine Knochen verloren ihren Zusammenhalt – wirbelndes Licht durchfuhr meinen Körper. Mein Bewußtsein suchte sich an einen letzten Halt zu klammern. Ich schrie.

Das Chaos war so plötzlich vorbei, wie es begonnen hatte. Adamie fiel neben der Frau hin und fing an zu murmeln. Dann war er still. Die um mich herumgesessen hatten, standen auf und gingen zur Tür. Ich konnte mich nicht bewegen. Der Erdfußboden hielt mich wie eine Wiege, wiegte mich sanft. Jemand half mir auf, wobei er flehende und ängstliche Laute ausstieß, und trug mich halb zur Tür. Als ich draußen war, bekam ich wieder Boden unter die Füße. Der Boden schwenkte von der Senkrechten wieder in die Waagerechte um. Es war fast Tag. Ich machte mich auf den Weg zurück zum Haus, und Eddie, einer der Führer, stützte mich ein wenig. »*Armer Joe, armer weißer Mann*«*, flüsterte er.* »*So viele gute Indianer da, und ausgerechnet dich rufen sie. Manchmal frag ich mich wirklich, ob diese Geister eigentlich wissen, was sie tun. Wo du doch keine blasse Ahnung davon hast.*«[129]

Nach anfänglichem Zögern geht Joel wieder zu dem Schamanen.

Die Begutachtung der Seele

»*Ich müßte mir deine Seele anschauen*«*, sagte Adamie rundweg und mit Entschiedenheit.*

»*Bedien dich, Adamie.*« *Ich war viel zu weggetreten, um vor diesem Verlangen sonderlich zurückzuschrecken ...*

Adamie sagte mir, ich solle mich hinlegen und die Arme locker zu beiden Seiten fallen lassen. Er fing an zu singen und ging langsam um mich herum. Wie ich so dalag, fühlte ich mich recht behaglich und voll Zutrauen, vielleicht ein bißchen belustigt.

[129] ebda. S. 186f.

Adamies Sang war kühl und glatt und fühlte sich an wie der in Seide gehüllte Leib einer Geliebten. Und wie der Sang den Geist umspielte, erwärmte sich die Seide, und ich warf die Hülle fort und tastete nach der Quelle der Glut im Fleisch der Geliebten, im Fleisch des Gesangs. Bis meine Hand das Feuer berührte – bis ich das Feuer war. Ein riesiger Wind sog den Atem aus dem Feuer, und ich rang in der Dunkelheit nach Luft.

(Jemand glitt willenlos durch schwarzen Raum. »Ich« existierte nicht mehr in jenem Dunkel, das sich schwerer als Schlaf herabsenkte. Ich habe keine Erinnerungen, kein Bild, um diese schwebende Leere auszudrücken.)

Ich fühlte, wie eine Sturmbö über mich peitschte, und ein Schauder, der von meinem Mund ausging, rann in Wellen über meinen ganzen Leib. Ich hörte Adamie singen, und die Töne rissen mir die Lider auf.

»Wie lange habe ich geschlafen?«

Mittagshelle drang in das Zimmer ein.

»Verdammt.« Ich versuchte aufzuspringen, aber mein Körper schmerzte, und ich fiel wieder zurück. »Der Boss dreht mir den Hals um. Ich müßte schon seit Stunden bei der Arbeit sein.«

»Du hast bereits zwei Tage versäumt«, sagte Adamie und grinste. »Ich hab dem Boss gesagt, daß du jetzt bei mir bleibst. Du arbeitest bei mir, bleib hier.«

Adamie ging zum Tisch und nahm die Pfeife in die Hand. Er trug sie behutsam, als ob sie ein schlafendes kleines Kind wäre.

Er dreht sich mir zu.

»Ich nehme dein Geschenk an.« ...

Dann begann Adamie, mich zu lehren. Die Einweihung bestand aus Prüfungen. Sie war eine Vorbereitung auf Kommendes. Wo ich sowas wie eine Struktur besaß, da ging es darum, diese Wirklichkeit niederzubrechen, mir meine Strukturen zu nehmen, bis ich keine mehr hatte.

Ich wurde in Eiswasser gebadet, ich wurde gepeitscht, unablässig ge-
quält, körperlich wie seelisch, und die ganze Zeit über belehrt – belehrt
über die Wege der Geister, darüber, wie die Welt in einer anderen Weise
geordnet ist, als ich mir das vorgestellt hatte. Es war ein Vorgang des
Niederbrechens und Umordnens, wieder und immer wieder... " [130]

„Die erste Erfahrung mit dem Fliegenpilz: Zerstückelung

Adamie fragte mich, ob ich zur Begegnung mit den Geistern bereit sei.
*Und ich sagte: »Ja.« Ich aß Pilze (*Amanita muscaria*), und es wurde ge-*
trommelt, und eine Sitzung fand statt. Es war ein sehr beängstigendes
Erlebnis. Die Droge kam mir giftig vor, und ich wußte nicht, wie ich sie
verkraften sollte ...

Es war, wie wenn du Tollkirschen gegessen hast ... Es gibt keinen Aus-
weg mehr, weil diese Dinger mit den großen Zähnen anrücken. Alles war
Chaos und Durcheinander. Ich war nicht bereit, wußte nicht genug, ich
konnte kein Teil zum andern fügen.

Ich war körperlich hinüber, seelisch von Grauen gepackt, dem Tode
nahe, ohne Kontrolle, ohne Richtung. Es war die Hölle, ein endloser
chaotischer Kampf ohne wirklichen Bezugspunkt...

Ich kam nur allmählich zurück, körperlich noch am Leben, aber das
war auch alles. Es blieb alles auf einer Ebene der Konfrontation, und
dann ging es schließlich vorbei ...

Hinterher fragte mich Adamie, was geschehen war, und ich erzählte
ihm, was ich erlebt hatte. Er nahm sich jede Angst vor, jedes einzelne
Gefühl, und er erklärte mir, welcher Geist sie kontrollierte. Er sagte mir
die Namen der Geister und was sie taten ... "[131]

---

[130] ebda. S. 186f.
[131] ebda. S. 189f.

„Die zweite Sitzung: Begegnung mit dem Geist

Die nächste Sitzung begann mit Tanzen und Trommeln. Und dieses Mal nahm ich daran teil. Ich fing an, wild und immer wilder zu tanzen, geriet immer mehr in Ekstase. Und dann fühlte ich diese Welle mein Rückgrat hochschießen, in meinem Kopf zerplatzen, und dann stieß ich durch in die Trance.

In der Trance hatte ich ein Gesicht, ich sah einen Bären. Und der Bär winkte mir, ihm zu folgen. Das war der Geist, die Kraft, der ich folgen, mit der ich auf die Reise gehen sollte.

(...)

Trudelnd und strudelnd trieb ich dahin, und mir war, als fiele ich zur Mitte der Erde.

Und wie es mit mir hinabging, waren da lauter Wesen zu allen Seiten, und sie rissen und zerrten und krallten Stücke aus mir heraus, während ich fiel. Und als ich aufschlug, stürzten sie alle auf mich herab und zerrissen mich: ein Falke über meinen Augen, ein zähnefletschender Hund scharrte an meinem Rückgrat.

Sie rissen und rissen. Aber irgendwie hatte ich diesmal nicht diese Angst. Ich ließ alles geschehen. Ich unterwarf mich der Furcht und ging mit ihr mit. Ich wurde zerrissen, bis irgendein Geist – irgendeine Kraft – Halt! schrie ... Und dann wurde ich wieder zusammengesetzt. Und wie ich wieder zusammenkam, erkannte ich das, was ich da zusammenkommen sah, nicht mehr als ich. Es stimmte nicht ganz. Da war etwas, das vorher nicht dagewesen war, aber wie es sich wieder zusammensetzte, fing ich an zu verstehen, daß etwas hinzugekommen war. Statt 1-2-3 strukturiert zu sein, war ich nun 1-2-3 und 4. Diese 4 war sehr wichtig, sie macht das Ganze zu mehr, als es vorher gewesen war.“[132]

---

[132] ebda. S. 191

Wurde Joel Schamane? Da er die Ausbildung abbrach, wohl eher nicht.
*„(Bei Adamie zu bleiben) hätte bedeutet: rote Hosenträger und Flanell-
hemden und reiche weisse Männer zum Fischen hinausfahren. Und im
Winter Fallen stellen (sic.) gehen,… aber das war nicht ich, ich war kein
Indianer aus den Nordwäldern,… ich (konnte) mich doch nicht ihrem
Lebensstil anpassen, ihn zu meinem eigenen machen und für den Rest
meines Lebens dort bleiben – mir die Haare bis zu den Knien wachsen
lassen, ein Schamanenkostüm aus Eisen tragen. Ich fühlte, ich musste in
meine eigene Kultur zurückkehren und mich dort zurechtfinden. Irgendwie musste ich das bisschen, das ich gepackt hatte, in meine eigene Kultur
zurückbringen und es sich dort bewähren lassen."*[133]

Wurde Dr. Alexander Schamane? Ich nehme es nicht an. Aber fragen Sie ihn mal, wenn Sie ihn sehen.

Um Schamane zu werden reicht es auch nicht, dass ein heutiger
Westeuropäer noch ein genuines ganzheitliches Verhältnis zum Land
hat. Denn auch der Jäger, der in engster Beziehung zum Land seiner
Väter lebt, ist sicher nicht zum Schamanen geworden.

In schamanischen Kulturen wären Männer wie Joel und Eben Alexander gewiss Schamanen geworden. Aber wir leben in keiner schamanischen Kultur. Dennoch durchleben Menschen Berufungserlebnisse,
die sich kaum von denen im alten Schamanismus unterscheiden.

Hierbei scheint es sich um das Wirken eines Archetypus zu handeln. Die geometrischen und personifizierten Bilder von Jungs Archetypen stellen vielleicht nicht die unterste Schicht des seelisch-geistigen
Reservoirs der Menschheit dar. Darunter könnte eine spirituelle
Schicht von Prä-Archetypen liegen, die sich durch Schmetterlingsräume und hell scheinende Schwärze manifestiert. Um dorthin zu gelangen muss nach der Abstraktion (geometrische Muster) und der

---

[133] ebda. S. 192

Konkretition (organische Gestalten) eine weitere Abstraktion folgen (das Nicht-Ausdrückbare der Omwelt).

Die Schamaneninitiation von Joel und die Schamanenkrankheit von Eben Alexander präsentieren sich in Reinform. Sie bedienen sich nicht des symbolischen Repertoires einer schamanischen Kultur. Die Unterwelt und die Oberwelt Alexanders sind abstrakt und die Monster Joels haben keine Namen. Alle Voraussetzungen, Schamane zu werden, führen meist nur in schamanischen Kulturen zur Ausübung des Schamanisierens. Denn die Berufung von Seiten der Geister reicht nicht, es muss die kulturelle Grundlage hinzukommen. Dem Geist muss eine Form angeboten werden. Und diese Form ist kulturabhängig und innerhalb ihrer Kultur oft erprobt und altbewährt.

Den berufenen Westeuropäern bleiben wenige Auswege aus der unfreiwilligen Berufung. Einer ist, sich in einer anderen Kultur transformieren zu lassen. Dabei besteht das Problem der mangelnden Verbindung mit dem Land. Andere Auswege sind psychisch krank zu werden, zu Drogen zu greifen, oder gar zu sterben.

Wozu das Alles? Was wird damit bezweckt?
Und wer bezweckt da was?

Das wissen wir nicht. Wir können uns nur wieder mit Modellen behelfen. Deshalb möchte ich auf mein Stufenmodell des Weges vom Bewusstsein zum Geist zurückkommen.

An der Schnittstelle: Geist – Kosmos steht ein Markttisch. Auf dem Markttisch ist eine Linie. Die Impulse des Geistes werden von dem Händler, dessen Name „Umwandler" ist, über die Linie geschoben und erhalten damit die Fähigkeit, Form anzunehmen, noch bevor sie Form werden.

Dieser Händler hält offensichtlich Ausschau nach Kunden, die seine Ware in Empfang nehmen können (kurze Wege, Lean Management). Aber das sind nicht viele. Sobald er eine/n entdeckt hat, wird sie oder er rekrutiert. Weigerung zwecklos.

So werden Schamanen gemacht. Sie sind Sklaven ihrer Berufung und leben ein Leben als Dienstleister für ihre Mitmenschen, mit genauso wenig oder weniger Freizeit und Muße wie ein Landarzt. Darüber hinaus werden sie auch noch sozial isoliert. Sie sind respektiert mal gefürchtet, mal bewundert und die Menschen fühlen sich in ihrer Gegenwart beobachtet und durchschaut, schlimmer als von Lehrern, Pastoren und Psychologen.

Schamane werden will niemand!

Schamane werden
im New-Age-Schamanismus

Warum wollen dann hier und heute so viele Schamanen werden?
Etwa ab Mitte der 1960er Jahre bekam die Schale, die das westliche, positivistische Bewusstsein in Grenzen hielt, Risse. Bewusstseinserweiterung war ein Schlagwort und wurde mit unterschiedlichen Mitteln angestrebt. Der westliche Mensch wollte nun durch die Risse in eine andere Welt blicken.

Dieses Verlangen überfiel uns nicht zum ersten Mal, aber diesmal wurde von mehreren Seiten auf unser kulturelles Korsett geschossen. Aus Asien betraten hinduistische und buddhistische spirituelle Kulturtechniken westlichen Boden. Von den USA aus trat das LSD (als Re-Import nach Europa) seinen Siegeszug an. Und schließlich eröffneten die Bücher von Carlos Castaneda ab 1968 die Suche nach den Schamanen.

Die Adaption der asiatischen und schamanischen Weltsichten konnte nur mittels Übersetzungen in unsere Denkstrukturen geschehen. Da aber unsere Denkstrukturen und die schamanischer Kulturen wenig kompatibel waren und sind, kam es bei der Übertragung zu Ungenauigkeiten und Fehlern. Einer dieser Fehler ist die westliche Annahme, dass es ein schamanisches Kontinuum gibt. Innerhalb dieses Kontinuums besteht die Möglichkeit ein bisschen zu schamanisieren oder ein bisschen Schamane zu sein.

Wie wir gesehen haben, ist diese Ansicht schamanischen Kulturen völlig fremd. Schamane wird man durch Berufung, man wird dazu gezwungen. Dann erfolgt eine Transformation und man ist Schamane. Ein bisschen Schamane geht genauso wenig wie ein bisschen schwanger.

So zogen die ersten Wagemutigen in den 1970er Jahren noch aus, um in indigenen Völkern einen Lehrer wie Castanedas Don Juan zu finden. Der Übersetzungsfehler, dass es auch ein bisschen Schamanisches gäbe, hatte sich noch nicht etabliert.

Wie kam es dann später zu diesem Übersetzungsfehler?
In unserer Kultur ist jegliches Wissen und jegliche praktische Fähigkeit verbal vermittelbar und damit lehrbar. Dadurch stehen Wissen und Techniken allen zur Verfügung. Innerhalb unserer Kulturtechniken ist ein Kontinuum feststellbar. Musik rangiert vom einfachen Kinderlied bis zu Beethovens Fünfter Symphonie.

Mathematik rangiert vom kleinen Einmaleins bis zu den Leistungen von Leonhard Euler und Carl Friedrich Gauss. Früher war Wissen Herrschaftswissen. Kulturtechniken wie Lesen und Schreiben wurden nicht dem Volk vermittelt. Latein als Wissenssprache grenzte das Volk aus. Die Demokratisierung von Wissen ist vielleicht die größte Errungenschaft der Neuzeit. Wissen für alle ist aber kein gottgegebener Zustand und nicht auf den Erwerb aller Fähigkeiten anwendbar. Geige spielen kann man sich nicht anlesen. Schon gar nicht ist unsere wortgebundene Wissensvermittlung auf indigene transzendentale Erkenntniswege übertragbar.

Möglicherweise hielt das schamanische Kontinuum erst 1980 durch Michael Harners Buch „Der Weg des Schamanen" Einzug ins westliche Denken[134].

Innerhalb des Modells dieses Kontinuums besteht die Möglichkeit schamanische Kulturtechniken verbal wie in der Schule (Workshops) zu vermitteln.

---

[134] HARNER, Michael 1996

Harner entwickelte zu diesem Zweck einen Core-Schamanismus (Kern-Schamanismus), der Elemente schamanischer Techniken aus unterschiedlichen Kulturen zu einem neuen System zusammenfügt. Core-Schamanismus besteht aus den universellen oder nahezu universellen grundlegenden Prinzipien und Techniken des Schamanismus; er definiert sich weder über eine bestimmte ethnische Gruppe noch über bestimmte Anschauungen.

Harner gründete 1979 das „Center for Shamanic Studies" und 1987 die Foundation for Shamanic Studies, deren Ziel es ist, schamanische Techniken zu erhalten und nun auf internationaler Ebene weiter zu geben[135]. Das Training besteht insbesondere darin, den Bewusstseinszustand des Menschen durch klassische schamanische Techniken, wie zum Beispiel monotones Trommeln (nicht aber mithilfe von Drogen) zu ändern. Dadurch wird es möglich, eigene spirituelle Ressourcen sowie Kraft und Lebensfreude zu finden, sein Leben, wenn notwendig, zu verändern und zu lernen, wie man anderen hilft. Kulturabhängige Zeremonien finden nicht statt. Die Seminare in Core-Schamanismus wurden sorgfältig entwickelt und überprüft, um eine authentische Erfahrung mit praktisch-relevanten Resultaten zu garantieren.[136]

„Im Basis-Seminar „Der Weg des Schamanen®" (…) werden die Teilnehmer in den Core-Schamanismus eingeführt, die nahezu universelle Methode des Schamanen, in die Nichtalltägliche Wirklichkeit einzutreten, um zu heilen und Probleme zu lösen. Besonderes Gewicht liegt auf der schamanischen Reise, eine der bemerkenswertesten visionären Methoden der Menschheit, um das unsichtbare Universum zu erforschen, das üblicherweise nur durch Mythen oder Träume zugänglich ist. Die Teilnehmer werden in die schamanische Reise eingeführt (initiiert); dazu werden Trommeln und andere Techniken verwendet, um in den schamanischen Bewusstseinszustand zu gelangen und verborgene spirituelle

---

[135] ebda.
[136] www.shamanicstudies.net

Fähigkeiten zu entwickeln, eingeschlossen die Verbindung mit der Natur."[137]

Nach der schamanischen Reise berichten die Teilnehmer, welche Erfahrungen sie gemacht und welche Bilder sie gesehen haben. Das Basis-Seminar ist die Voraussetzung zur Teilnahme an Fortgeschrittenen-Seminaren. Laut Webseite dauert das Basisseminar von Freitag bis Sonntag und kostet 140 Euro.[138]

Die schamanische Reise in die drei Weltenebenen stellt also auch im Core-Schamanismus ein Grundelement dar. Wie funktioniert diese Reise? Weit verbreitet ist die schamanische Reise im sibirischen Schamanismus. Deshalb werfen wir einen Blick auf das Geschehen dort. Der Ethnologe Andreas Lommel (1912 - 2005) schreibt:

„Die seelischen Erlebnisse der Schamanen während der Ekstase werden im allgemeinen in Form unter dem Bild einer Reise ins Seelenland, ins Jenseits, in die Unterwelt oder zum Himmel oder auch über weite geographische Gebiete, reale, bekannte Gebiete erlebt."[139]

„Schamanisieren beginnt damit, dass der Schamane sich durch verschiedenartigste Mittel, meist durch monotone, sich wiederholende Geräusche mit einer Trommel oder Rassel durch tanzende Bewegungen in einen Trancezustand versetzt. Der Zustand des Bewusstseins wird ausgeschaltet, und die produktive unterbewusste Schicht kommt zum Sprechen."[140]

Lommel zitiert Jochelsen und Czlapicka die Zeugen schamanischen Handlungen waren: *„Die Trommelschläge wurden immer stärker und stärker und man hörte deutlich Laute, die wie das Heulen eines Wolfes*

---

[137] ebda.
[138] ebda.
[139] LOMMEL, Andreas 1980, S. 104
[140] ebda. S. 102

klangen, dann wieder wie das Schnattern einer Gans. Die Laute kamen von nah und fern... Die unzusammenhängenden Worte, die der Schamane äußerte, wurden in psalmodierender Form, und als sei es der Geist, der durch ihn sprach, hervorgebracht. Die wilden ekstatischen Anfälle, von denen der Schamane besessen war, erschreckten sehr."[141]

„Der Schamane beginnt kunstvoll die Trommel zu schlagen. Die Zuhörer wagen kaum zu atmen, nur das Stöhnen und Räuspern des Schamanen ist zu hören... dann wieder Schweigen... man hört Geräusche und Laute, die wie Donnerschläge, wie das Schreien von Seemöwen, Pfeifen der Sumpfschnepfen, dann wie Adler- und Eulengeschrei klingen. Die Trommelschläge werden immer stärker und stärker, die Glöckchen am Gewand des Schamanen beginnen zu klingen. Die Zuhörer sind benommen von diesen Geräuschen und Lärm... Manchmal muss der Schamane lange die Trommel schlagen, bis der Geist kommt; die Geister erscheinen dann so plötzlich, dass der Schamane übermannt wird und hinfällt... Wenn der Ämägät (Hilfsgeist) in den Schamanen fährt, dann steht er auf, springt und tanzt, und... schlägt ununterbrochen die Trommel. Diejenigen, die ihn an den Lederriemen halten (er ist gefesselt), haben Mühe, ihn zu halten. Der Kopf ist geneigt, die Augen sind halb geschlossen, sein Haar hängt wild an den Schläfen, Speichel kommt aus seinem Mund."[142]

Gewöhnlich dauerte so eine Sitzung die ganze Nacht oder auch mehrere Nächte hintereinander.

In seinem Buch „Der Weg des Schamanen" beschreibt Harner die schamanische Reise, wie sie von der Foundation for Shamanic Studies gelehrt wird, wie folgt:

[141] ebda. S. 103
[142] ebda. S. 104

Man lege sich hin und bedecke die Augen mit dem Arm. Nach einer Entspannungsphase beginnt ein Helfer zu trommeln. Der Beat soll im trancefördernden Bereich von 205 – 220 Schläge pro Minute liegen. Das Trommeln kann auch von einer Audio-Kassette oder CD kommen.

Man stelle sich ein Loch, das in die Erde führt, vor. Gut geeignet sind Eingänge, die man schon kennt, weil das die Vorstellung erleichtert.

Nun soll man durch das Loch in die Unterwelt eintreten und sich dort in den unterirdischen Gängen genau umsehen und ihrem Verlauf folgen bis man auf der anderen Seite ins Freie tritt. Dort soll man sich die Landschaft genau ansehen. Wenn nach 10 Minuten das Trommeln aufhört, soll man durch den Tunnel zurückkehren.[143]

Vergleicht man die beiden oben beschriebenen Techniken, fallen als erstes eklatante Unterschiede in der Intensität und der Länge des Geschehens auf. Die Teilnehmer am Workshop sind nach zehn Minuten fertig.

„Wenn die Übung vollbracht ist beschreiben Sie ihrem Begleiter, was Sie gesehen haben, damit Sie die Einzelheiten Ihrer Erfahrung nicht vergessen. Sie können sie auch niederschreiben oder auf einen Kassettenrecorder sprechen.

Das Festhalten dieser Erfahrungsdaten ist der Anfang Ihrer Speicherung von Wissen aus dem schamanischen Bewusstseinszustand."[144]

Erstaunt fragt sich der Leser, warum manche angehenden Schamanen solch erbärmliche Krankheiten mit Nahtoderfahrungen auf sich nehmen, von Fliegenpilzmonstern zerstückelt werden oder wochenlang in einem Iglu ein bisschen sterben, wenn es auch leichter geht.

---

[143] HARNER, Michael 1996
[144] ebda. S. 59

Die Erklärung liegt in der Annahme eines schamanischen Kontinuums, und dass innerhalb dieses Kontinuums ein bisschen Schamane-sein möglich ist.

Im „alten" Schamanismus werden Schamanen durch ein Berufungserlebnis und/oder eine Initiation, in der sie den Geistern vorgestellt werden – man könnte auch sagen: ausgeliefert werden – zu Schamanen gemacht.

Wenn neue Schamanen gemacht werden oder Menschen durch andere Ursachen in die Nähe jener Anderen Wirklichkeit geraten, werden sie dorthin katapultiert. Es gibt keine Übergänge von unten nach oben. Sie landen hart auf dem Marktisch des Umwandlers.

Ein anderer gravierender Unterschied liegt in dem Gegensatz von Entspannungsübung und Ekstase/Trance. Beim sibirischen Schamanisieren kommen auch Phasen ohnmächtigen Darniederliegens vor. Diese treten aber erst nach einer längeren Periode der Raserei ein, in der der Schamane wild umher springt. Eine yoga-inspirierte Tiefenentspannung, die Bilder des Unbewussten hervortreten lässt, ist im ‚alten' Schamanentum unbekannt.

Ein weiteres polares Begriffspaar ist Top-down und Bottom-up. Die Berufenen befinden sich plötzlich on Top, ganz oben und müssen nun versuchen, wieder hinunter zu kommen.

Deshalb ringen sie nach Worten, wenn sie versuchen, ihr Erlebtes zu beschreiben.

Noch einmal dazu Nicolas Black Elk: *„Und während ich dort stand, sah ich mehr, als ich sagen kann, und ich verstand mehr als ich sah; denn ich schaute auf heilige Weise die Gestalten aller Dinge im Geiste..."*[145].

---

[145] SCHWARZER HIRSCH/NEIHARDT, John 2008, S.50

Auch Eben Alexander sah sich und andere mit der Unmöglichkeit einer treffenden Schilderung der Visionen im Nahtodzustand konfrontiert:

„… *wenn diese Menschen* (die Nahtoderlebnisse hatten) *auf die irdische Ebene zurückkommen, geht es ihnen wie mir: Ihnen fehlen die passenden Worte, um ihre Erfahrungen und Einsichten zu vermitteln, die jenseits der Macht der Worte liegen. (…) Immer wieder gewann ich … den Eindruck, dass der jeweiligen Erzähler mit den Beschränkungen der irdischen Sprache zu kämpfen hatten...* "[146].

Nachdem die Berufenen ziemlich derangiert, desintegriert und wieder neu zusammengesetzt in die Alltagsrealität zurückgefunden haben, stellt sich ihnen die Aufgabe, ihr altes Ich und das neue Ich zu integrieren. Das kann dauern, denn obwohl der Umwandlungsprozess vollzogen worden ist, muss er von der etwas langsamen biologischen Gestalt stückweise realisiert und nachgeholt werden. Das Schamanisieren ist bei der Integration der erweiterten Persönlichkeit hilfreich, denn die gemachten Erfahrungen werden nun in den Dienst der Allgemeinheit gestellt. Hilfreich ist auch das immer wieder neue Ausagieren der „Reise". Jede schamanische Tätigkeit, jedes Ritual, stellt ein Top-down Geschehen dar.

Andersherum geht die Richtung bei New-Age-Schamanismus. Der Startpunkt ist das Bewusstsein. Es visualisiert imaginäre Szenen und bewegt sich dadurch zunehmend in Richtung individuelles Unbewusstes. Dies stellt einen Bottom-up Verlauf von unten nach oben dar.

---

[146] ALEXANDER, Eben 2013. S. 179

Da wir uns an C.G. Jungs Beschreibung des Unbewussten orientieren, schauen wir auf die beiden individuellen Stufen des Unbewussten. Die erste Stufe, die gleich unterhalb des Bewusstseins liegt, beinhaltet alle emotionalen Erfahrungen und Informationen, die wir in unserer Lebenszeit gemacht haben. Einen Schritt tiefer liegt das individuelle Unbewusste, das empfänglich für Bilder aus dem kollektiven Unbewussten ist. Mit dem erstgenannten oder beiden Unbewussten befasst sich die Psychologie und die Psychotherapie versucht auf diesen Ebenen Heilung zu bewirken.

Aus der Humanistischen Psychologie stammt die „Katathym-Imaginative Psychotherapie" (früher: Katathymes Bilderleben), die 1955 von Hanscarl Leuner als Therapiemethode entwickelt worden ist. Die Katathym-Imaginative Psychotherapie basiert auf der Psychoanalyse Freuds und arbeitet mit Tagträumen als Technik. Der Patient entspannt sich meist im Liegen nach Anweisung des Therapeuten und wird dann zu einem vorgegebenen Ort geführt, zum Beispiel auf eine Wiese. Weitere Elemente, wie Gegenstände, Personen, Tiere könne auftreten und eine Interaktion kann stattfinden, die wie in einem Film ein autonomes Geschehen an dem imaginierenden Patienten vorbei fliessen lässt[147]. Heute heisst eine abgewandelte Form des Katathymen Imaginierens „Schamanische Trommelreise".

Im Core Schamanismus wie in der Katathym-Imaginativen Psychotherapie werden Szenarien vorgegeben (z.B. Tunnel, Wiese). Innerhalb dieses gesteckten Rahmens können sich Inhalte des individuellen Unbewussten manifestieren. Die Eingrenzung durch einen Imaginationsrahmen (Wiese) hat beim Katathymen Bilderleben eine Funktion. Die dabei enstehende Symbolisierung emotionaler Inhalte und die symbolische Darstellung der Persönlichkeitsstruktur spielen eine wichtige Rolle.

[147] www.sagkb.ch

Die Eingrenzung beim Core Schamanismus hat zwar denselben Effekt, strebt ihn aber nicht an. Das intrapsychischen Geschehen des katathymen Imaginierens wird beim Core Schamanismus nach aussen in eine separate Realität verlagert. Die vorgegebenen Imaginationsräume ahmen die Beschreibungen der Reisewege von Schamanen nach. Der Unterschied ist wichtig, nicht eigene Reisewege werden gesehen, sondern gelesene oder erzählte Beschreibungen des Erlebten werden imaginiert. Wie wir aber gesehen haben, ist die Beschreibung des persönlich auf der anderen Ebene Erlebten ein schwieriges Unterfangen und kann höchstens bedingt als Vorlage zu dienen. Deshalb muss der Versuch, die in der Literatur beschriebenen Reisen der Schamanen als Vorlagen zu benutzen, als fraglich angesehen werden.

Wir haben einige authentische Erlebnisse und Räume zeitgenössischer „Reisenden" kennengelernt. Welche transpersonalen Visionen, also gleiche Visionen, die Menschen unabhängig von einander hatten, waren das?

Erstens: So etwas, wie Rauch, der um eine Lampe weht
Zweitens: Räume aus Millionen Schmetterlingen
Drittens: grässliche Monster
Viertens: das göttliche Licht der Finsternis

Diese Erscheinungen taugen nicht zum Imaginieren. Bis auf „grässliche Monster" sind sie zu abstrakt. Und mit der Imagination von ‚grässlichen Monstern' wird man aber keine Teilnehmer für einen Workshop, ‚Samstag und Sonntag, 150 Euro' gewinnen können.

Das Eintrittsloch, der Tunnel, die Landschaft am anderen Ende sind Konstrukte aus gestammelten Beschreibungsversuchen von Leuten, die mal da gewesen sind.

Wenn man diese Bilder mit der Realität des Abgebildeten verwechselt und meint, durch Imaginieren in jene Realität zu gelangen, bleibt der Prozess auf der Ebene des individuellen Unbewussten hängen.

Oder anders gesagt, wenn man Methoden, wie das Katathyme Imaginieren benutzt, die auf das individuelle Unbewusste zielen, erhält man genau das: Zugang zum individuellen Unbewussten. Das kann effektiv und heilsam sein, ist aber nicht schamanisch.

Kein Schamane aus jedweder schamanischen Kultur hat je diese imaginative Technik benutzt. Schamanen imaginieren nicht, sie ,sehen' durch die Bilder ihrer Kultur ein Geschehen, dass sie zwar leiten aber nicht beherrschen. Der Unterschied zwischen leiten und beherrschen ist vergleichbar mit der Kunst Fahrrad zu fahren (beherrschen) und der Kunst zu reiten (leiten).

Schamanen reiten auf ihren Trommeln viel weiter, als Imagination reicht. Sie reiten in Trance schwitzend, die ganze Nacht.

Jede Schamanin, jeder Schamane gebiert das Schamanentum neu. Diese Geburt ereignet sich unter schmerzenden Wehen.

Jedes Ritual, dass sie oder er ausführt ist eine „In-die-Welt-Setzung", also eine weitere Geburt. Der Forscher Hans Findeisen (1903 – 1968), von dem dieser Begriff stammt fährt fort, dass *„die Ausrichtung aller dieser die Seele ungeheuer beanspruchenden In-die-Welt-Setzungen ausgesprochen caritativ und sozial-ethisch ist.*"[148] Bei der Kopie eines schamanischen Vorgangs gebiert der New-Age-Praktizierende nichts, sondern imaginiert ein Baby und erhält dadurch eine Babypuppe, die ein Abbild, eine Imagination des lebendigen Originals ist.

Dies führt uns zu der Frage nach Inhalt und Form. Eine weitere Annahme des New-Age-Schamanismus ist, dass die Form zum Inhalt führt (Bottom-up).

---

[148] FINDEISEN, Hans/GEHRTS, Heino 1983, S.13

Die Form ist verbal vermittelbar und lehrbar. Der Nicht-Schamane vollzieht Übungen, die er gelernt hat auf korrekte Weise und lädt so den Inhalt ein, sich in die korrekte Form zu ergiessen. Da die Form durch Imagination gefüllt werden soll, wird der Inhalt der Imagination und somit der Form aus dem Bewusstsein und dem individuellen Unbewussten stammen. Neben dem individuellen Unbewussten stellen Wunschbilder eine Ressource für Imaginationen dar. Eine weitere, einst aus dem Bewusstsein stammende Quelle ist die Kryptomnesie. Das sind einmal gewusste (gelesene, im Kino gesehene, im Radio gehörte) Informationen, die vergessen, beziehungsweise verschüttet worden sind und durch irgendeinen Trigger plötzlich als völlig neue Erkenntnis im Bewusstsein auftauchen können.

Imaginationen stammen auch aus gelernten Bildsystemen. Wenn sich die New-Age-Ausbildungsstätte der Noch-Nicht-Schamanin im indianischen Bereich bedient, werden sicherlich Geisttiere auftauchen, aber nur solche, die eine gewisse Reputation geniessen, also nicht der Feldhamster oder das Krokodil. Lernt der Adept aber innerhalb eines afrikanischen Bildsystems kann das Krokodil sehr wohl auftreten.

Imaginationen aus gelernten Bildsystemen sind etwas anderes als Einkleidungen, denn sie setzen eine Erwartungshaltung voraus.

Ich möchte dies folgendermassen illustrieren: Wenn ein Mitteleuropäer, der nie in den USA war, in Mitteleuropa auf Visionssuche geht und danach berichtet, er habe einen Bison oder einen Adler gesehen, dann bin ich äusserst skeptisch. Wenn er aber stattdessen eine Kuh im Pelzmantel oder ein Flugzeug mit aufgemalten Federn gesehen hat, würde ich ihn als talentiert betrachten.

Joel, der durch die Initiationshölle gezerrt wurde, traf einen Bären. Das ist zwar auch keine Feldhamster, aber Joel war wohl kaum in der Lage irgendetwas zu imaginieren. Er befand sich auch nicht in einem Raum mit Teppichboden auf einer 10 bis 20 minütigen Trommelreise, sondern ihm ging gerade im kanadischen Busch der Arsch auf Grundeis.

Die Schamanen gebären unter Schmerzen den Inhalt. Durch die Berufung landen sie hart auf dem Markttisch der Umwandlung. Erst danach wird ihnen von einem erfahrenen Schamanen die passende Form vermittelt (Top-down).

In unser Bildungssystem übertragen könnte man sagen, dass der Schamane zuerst das Abitur machen muss. Das berechtigt ihn überhaupt die Schule besuchen zu dürfen, denn erst nach dem Abitur darf er anfangen zu lernen.

Im Unterschied zum New-Age-Schamanen wird der Schamane durch die Berufung zu einem Instrument.

Er imaginiert nicht. Sein individuelles Unbewusstes wird nun beim Schamanisieren entindividualisiert. Es ist zu einem Wahrnehmungs- und Kommunikationsinstrument geworden.

Eine weitere Annahme des New-Age-Schamanismus ist, dass schamanische Techniken aus ihrem Kontext herausgelöst werden können. Harner hat die Heilung durch das Geisterkanu bei den Salish, einem Volk der amerikanischen Nord-West Küste, entlehnt.

Wenn ein Salish an Mutlosigkeit litt, lud er zehn oder mehr Medizinmänner ein, für ihn mit dem Geisterkanu Heilung zu bewirken. Dazu stellten sich die Schamanen in zwei parallelen Reihen auf. Jeder hatte seine Insignien in Form eines Brettes in den Lehmboden gesteckt. Sie hielten Paddel in den Händen, mit denen sie, begleitet von Rasseln und Trommeln die ganze Nacht hindurch paddelnd die Unterwelt bereisten, um die verlorene Seele des Mutlosen zurück zu holen. Die Reisen dauerten zwei bis sechs Nächte. Tagsüber schliefen die Schamanen[149]. Diese Heilungszeremonie war teuer in jeder Hinsicht. Für den Mutlosen war dieses Ritual sehr kostspielig. Ausserdem bestand immer das Risiko, dass das Geisterkanu einen der Medizinmänner das Leben kosten könnte. Der Einsatz war also hoch.

[149] HARNER, Michael 1996, LOMMEL, Andreas 1980

Aus Harners Core-Schamanismus hat die Technik des Geisterboots breite Anwendung und zahlreiche Varianten im heutigen New-Age-Schamanismus gefunden. Hier ein Beispiel von einer Web Seite einer schamanischen Praxis:

Geistboot - Was ist das?

„Das Geistboot-Fahren ist eine schamanische Technik, bei der mehrere Heiler gemeinsam arbeiten. Durch ihre Zusammenarbeit nach bestimmten Regeln, aber auch durch die Intuition der Trommler und begleitenden Schamanen, wird ein sehr hohes Energieniveau erreicht."[150]

Bei diesem Angebot übernehmen erfahrene Teilnehmer und vielleicht Absolventen einer neo-schamanischen Akademie die Aufgaben der Schamanen. Gleich mehrere *„Reisende" (…) werden mit dem Geistboot durch stille und rauhe Gewässer gefahren."*
Jede/r Teilnehmer/in erlebt die Reise anders.

„Dieses spezielle energetische Konstrukt erlaubt es, tiefgreifende Veränderungs-prozesse in Gang zu setzen. Die Heilungskräfte werden angeregt. In einer anschließenden gemeinsamen Heil- und Lösezeremonie werden Blockaden weiter gelockert, stagnierende Energien ins Fließen gebracht."[151]

Ein Foto auf der Web Seite zeigt das übliche Arrangement mit Matten auf dem Boden des Therapieraumes. Wie bereits gesagt, stellt vermutlich auch die weitverbreitete Yoga-Praxis eine weitere Quelle dieses „Schamanismus im Liegen" dar.

In der schamanischen Praxis findet diese Form des Geistbootes laut Webseite sonntags von 14.00 bis 19.00 statt und kostet pro Person 80 Euro[152].

---

[150] www.geistboot.de
[151] ebda.
[152] ebda.

Nicht nur, dass die Zeremonie kürzer und billiger ist, es sind auch höchstwahrscheinlich danach auch noch keine Todesfälle zu beklagen gewesen.

Was kann diese modifizierte Geistboot-Technik bewirken? Sie kann die Teilnehmer mit ihrem Unbewussten in Kontakt bringen, indem sie jeden Einzelnen aus seinen gedanklichen Konstrukten herauslöst. Dies kann zwar niedigschwellig aber durchaus heilsam sein. So entspricht die Geistboot-Technik den Modellen der westlichen humanistischen Psychotherapie - aber nicht dem Schamanentum und seinen rigorosen Praktiken.

Ist der Export einzelner schamanischer Praktiken sinnvoll?
Wie wir gesehen haben, zeigt das weltweit verbreitete Schamanentum zahlreiche kultur- und landschafts-/klimaabhängige Formen. Jedes Schamanentum ist ein System, das in sich funktioniert.

Die Elemente des Systems greifen ineinander und schaffen so ein holistisches Ganzes. Wird ein Element des Systems verändert, so hat das Auswirkungen auf die anderen Elemente. Diese Gemeinsamkeiten finden wir in allen Kulturen. Worin liegen dann die Unterschiede?

Auf dem amerikanischen Kontinent ist der Altar des Schamanen weit verbreitet. Der Schamane baut ihn auf, indem er seine Gegenstände in einer bestimmten Ordnung vor sich hinlegt. In Sibirien hingegen zieht sich der Schamane seinen Mantel an, an dem lange Stoffstreifen und Metallteile angebracht sind.

In afrikanischen Kulten wird viel mit Trance gearbeitet. Trance gehörte zum sibirischen Schamanentum bis hin zum Schamanentum der Sami (Lappland).

Weltweit verbreitet war und ist die Einnahme von Drogen bei schamanischen Ritualen, um den Bewusstseinszustand sowohl des Schamanen, als auch der Teilnehmer zu ändern. Andere Völker und ihre Schamanen lehnen Drogen ab.

Was ist denn nun das Richtige, einzig Wahre?

Das Schamanentum eines jeden Volkes ist durch Jahrtausende gewachsen. Es ist eng verbunden mit dem Land, der Landschaft, dem Klima, den Pflanzen und Tieren dieses Volkes.

Das Schamanentum der Tschukschen in Nord Ost Sibirien ist ein in sich geschlossenes System und es funktioniert.

Das Schamanentum der Gurung im Himalaya ist ein System und funktioniert.

Das Schamanentum der Lakota (Sioux), der Aborigines, der San in Südafrika, alle sind Systeme, die in sich stimmig sind und funktionieren, wie Ökosysteme.

Da gibt es das Ökosystem Wald, das Ökosystem Wüste, die Ökosysteme Sumpf, Hochgebirge, Steppe. Keines ist besser als das andere und keins hat Recht. Alle funktionieren als in sich geschlossene Systeme.

Wenn man versucht, etwas Systemfremdes einzuführen gibt es Störungen. Wenn man ein einzelnes Element herausnimmt und verpflanzt stirbt es, wie der Sonnentau aus dem Sumpf in der Wüste.

Wenn sich der New-Age-Schamanismus einzelner Elemente schamanischer Systeme bedient, sie aus ihrem Zusammenhang herauslöst, was kommt dann bei uns an? Bilder kommen bei uns an. Der Sonnentau überlebt nicht in der Wüste aber ein Bild des Sonnentaus kann überall mit hingenommen werden, von der Arktis bis zur Sahara. Kann das Bild Fliegen fangen, kann es Samen verteilen?

Die herausgelösten Elemente eines schamanischen Systems sind so wirkungslos, wie ein Foto des Sonnentaus in der Wüste. Auf einer nicht-schamanischen, sondern psychischen Ebene kann allerdings auch das Bild des Sonnentaus eine Wirkung entfalten. Ein Bild kann erfreuen, trösten, entspannen.

Bei der „schamanischen Trommelreise" und dem „Geistboot" zeigt sich eine weitere New-Age-Annahme:

Schamanische Techniken/Praktiken können reduziert werden und behalten ihre Wirkmächtigkeit bei.

Als Beispiel möchte ich hier die Zerstückelungserlebnisse sibirischer Schamanen anführen, die wir ähnlich schon bei Joel kennengelernt haben.

Während der angehende Schamane wie tot daliegt, *„aus seinem Mund tritt reichlich weisser Schaum, aus allen Gelenken rieselt Blut. Sein ganzer Körper ist mit blauen, blutunterlaufenen Stellen bedeckt"*, wird er von den Geistern zerstückelt.

„Alle diese Schamanenseelen quälen mich, schneiden mir mit dem Messer das Fleisch ab, werfen es umher, stechen mir in den Magen und fordern, dass ich Schamane werden soll. (...)

Die Schamanenvorfahren seiner Sippe kommen, sie zerhacken ihn, zerreissen ihn, schneiden sein Fleisch in Stücke, trinken sein Blut. Sie schneiden seinen Kopf ab und werfen ihn in den Ofen, in dem verschiedene eiserne Zubehörteile seines Kostüms geglüht und geschmiedet werden. (...)

Sie schneiden den Kopf ab und legen ihn auf das obere Brett in der Jurte, von wo er dem Zerhauen seines Körpers zuschaut. Mit einem eisernen Haken haken sie ein und zerreissen und zerteilen alle Gelenke; sie säubern die Knochen, indem sie das Fleisch abkratzen und alle Flüssigkeit entfernen. Sie nehmen beide Augen aus den Höhlen und legen sie zur Seite. Das von den Knochen gelöste Fleisch wird in der Unterwelt auf allen Wegen zerstreut."[153]

Bei Inuit und Indianern Nordamerikas findet diese Zerstückelung oft als ein langsames, Stück für Stück Gefressenwerden durch einen Bären statt[154].

Diese Prozedur machen nur Schamanen, nicht aber ihre Klienten durch.

---

[153] LOMMEL, Andreas 1980
[154] ebda.

Anders im New-Age-Schamanismus. Eine niederländische Schamanin, die in Sibirien initiiert worden ist, bietet die Zerstückelung auf Workshops an:

„Wir lagen mehr als zwei Stunden auf Matten auf dem Fussboden während Byelka sang, trommelte und die Geister rief. An verschiedenen Stellen des Prozesses berührte uns ihr Assistent sanft, wobei er als Vermittler zwischen uns und den Geistern fungierte. Seine Streichungen repräsentierten die Bisse der Geisttiere, die uns assen. Nachdem wir uns in leere Skelette verwandelt hatten, kam derselbe Geist vorbei und füllte uns mit unverdorbenen Körperteilen auf. Während der Geist unsere abgelegten Teile erneuerte, wurden wir neu geboren. Nachher fragte ein Teilnehmer, ob die Geister imaginiert oder real seien, da wir ja alle wussten, dass wir die Hände des Assistenten gefühlt hatten. Byelka jedoch erzählte uns, dass ihr Assistent ein sehr vollendeter Mediator sei, und dass sie tatsächlich gesehen habe, wie die Geister sich durch das Zelt bewegt haben.“[155]

Auch hier sehen wir, wie das Bild, sozusagen ein Foto von etwas, das Andere erlebt und erlitten haben, aufgeführt wird. Der Unterschied zwischen Aufführen und Ausagieren ist essentiell. Das Ausagieren hilft dem Schamanen/der Schamanin das visionäre Erleben zu bewältigen und seine Essenz der Allgemeinheit zur Verfügung zu stellen. Das Aufführen ist reine Imitation und bereichert die Statisten mit einem vorübergehenden Wohlgefühl.

---

[155] „We lay on mats on the floor for more than two hours while Byelka sang, drummed and invoked the spirits. In different sections of the process, her assistant touched us gently, thereby functioning as an intermediary between us and the spirits. His strokes represented the bites of the animal spirits that were eating us. After we had turned into empty skeletons the same spirits came round to fill us up with pristine body parts. As the spirits restored our stripped parts, we were reborn. Afterwards one of the participants asked whether the spirits were imaginary or real, as we all knew that we had felt the hands of her assistant. Byelka, however told us, that her assistent was a very accomplished mediator and that she had actually seen the spirits moving through the tent.“ Boekhoven, Jeroen W. 2011, S.278

New-Age-Schamanismus besteht aus Abbildungen aus dem realen Schamanentum. Diese Abbildungen können auf die Psyche der Menschen wirken. Imagination als bildgebendes Verfahren ersetzt dabei schamanisches Sehen und körperliches Erleben.

Das heisst, dass New-Age-Schamanismus durchaus eine Wirkung haben kann. Nur liegt diese Wirkung nicht in der Veränderung eines Status Quo durch „Herunterladen einer alternativen Information", sondern in einer niedrigschwelligen psychotherapeutischen Begleitung einer Hilfe suchenden Person. New-Age-Schamanismus ist ein therapeutisches System für leidlich seelisch Gesunde. Da liegt seine Leistung und seine, wenn auch begrenzte, Wirksamkeit.

Die Annahmen des New-Age-Schamanismus auf einen Blick:

Erstens: Es existiert ein schamanisches Kontinuum.
Zweitens: Schamanische Praktiken sind verbal vermittelbar und lehrbar.
Drittens: Schamanische Praktiken können aus ihrem Kontext herausgelöst werden.
Viertens: Schamanische Techniken können reduziert werden, ohne ihre Wirkmächtigkeit zu verlieren.

Alle vier Annahmen sind mit dem gewachsenen Schamanentum nicht kompatibel. Sie sind also falsch, wenn man sie als Aussagen über das Schamanisieren versteht.

Kann man New-Age-Schamanismus überhaupt „Schamanismus" nennen?

Konfuzius (551 – 479 v.Chr.) sagte sinngemäss:
Wenn die Begriffe nicht stimmen,
so ist das, was gesagt wird, nicht das, was gemeint ist.
Ist das, was gesagt wird, nicht das, was gemeint ist,
so kommen die Werke nicht zustande.

Die Begriffe Schamanismus und Schamanentum sollten also nur den Schamanismus (oder das Schamanentum) bezeichnen.

Das, was sich in der westlichen Kultur heute „Schamanismus" oder „Neo-Schamanismus" nennt, ist weder das eine, noch das andere.

Neo-Schamanismus sollte nur neue Formen des Schamanisierens bezeichnen. Wie wir gesehen haben, geschehen auch heute noch Berufungserlebnisse. Daraus könnten sich neue Formen eines echten Schamanisierens entwickeln. Das wäre dann Neo-Schamanismus.

Womit wir es beim New-Age-Schamanismus zu tun haben ist ein Pseudo-Schamanismus mit schamanoiden Techniken.

Diese Begriffe, so treffend sie sein mögen, werden auf wenig Zustimmung stossen. Auch Wellness-Schamanismus wäre manchmal zutreffend, klingt aber auch nicht besser:

„Glücklich – Selbstbewusst – Erfolgreich" Werden Sie Schamane mit einer guten Ausbildung..."[156]

New-Age-Schamanen sollten sich als schamanoide Imaginationsleiter bezeichnen, die schamanoide Trommel-Reisen und Imaginationsboote anbieten. Dann würden die Begriffe wieder stimmen und Konfuzius wäre zufrieden.

---

[156] www.schamanismus-akademie.com

Einige Fallstricke
jeglichen Schamansierens

Alle, die schon oft imaginierte Trommelreisen unternommen haben, werden mir jetzt vorhalten, dass dabei keineswegs nur vorgegebene Bilder oder Bilder aus der eigenen Biographie, sondern vielmehr Wesen mit eigenen Persönlichkeit auftauchen, die autonom handeln können.

Bei der ersten Reise sind die Bilder oft noch unstet und das Geschehen zeigt wenig oder keinen Sinn. Je öfter der New-Age-Schamanismus-Schüler aber diese Trommelreisen unternimmt, umso klarer werden die Bilder, und umso mehr Sinn und Stringenz tauchen in den Szenerien auf.

In diesen autonomen Persönlichkeiten liegt eine Gefahr. Da der New-Age-Praktizierende durch Imagination (mittels Katathymer Imagination) Orte und Gestalten visualisiert, entspringen diese seinem Unbewussten. Sie werden aber von den Anwendern dieser Technik nicht im Inneren sondern im Aussen verortet, also für Geistwesen gehalten.

Eine weitere Annahme des New-Age-Schamanismus ist: Geistwesen sind immer und ausschließlich hilfreich.

Die Geisttiere oder Krafttiere und Geistführer, wie Engel oder der ‚Alte Weise', die der Praktizierende kennengelernt hat, und die sich nun stabilisiert haben und dadurch reproduzierbar geworden sind, verhalten sich auch gemäss den Erwartungen, hilfreich und beratend/belehrend.

Eine New-Age-Annahme besagt, dass Geist- oder Kraftwesen nicht lügen. Was auch immer sie sagen oder zeigen, ist gut und wahr.

Allerdings können diese Personifizierungen des eigenen Unbewussten auch umkippen. Ludwig Staudenmaier (1865 – 1933) hat dies erfahren und in seinem Buch „Die Magie als experimentelle Naturwissenschaft" (1922) ausführlich beschrieben[157]. Staudenmaier war ordentlicher Professor der Chemie am Königlichen Lyzeum in Freising. Damals waren spiritistische Sitzungen en Vogue und ein Chemiker Kollege überredete ihn, in Selbstversuchen magische Phänomene zu erforschen und dadurch aus dem Aberglauben ins Licht der empirischen Wissenschaft zu rücken.

Staudenmaier begann mit automatischem Schreiben, was erst gar nicht klappen wollte. Doch bei einem zweiten, späteren Anlauf begannen die Fingerspitzen, denBleistift zu bewegen. Daraufhin las Staudenmaier diverse spiritistische Schriften. In einer wurde von einem Geist Namens „Julie Norne" berichtet.

„Als ich eines Abends wieder den Bleistift hielt, begann er mit einem Mal buchstabierend zu schreiben „Julie Norne ist da!"[158] In den folgenden Wochen meldeten sich auf gleiche Weise weitere Geister namentlich. Alle entstammten spiritistischen Veröffentlichungen.

Diese Einkleidungen möchte ich" Bottom-up" nennen, denn sie entstammten Staudenmaiers unmittelbaren Bewusstseinsinhalten (Zeitschriften). Nachdem Staudenmaier ein Vorgefühl für die Worte, die seine Hand schreiben würden, bekommen hatte, begann er die Worte direkt zu hören.

„Ich hielt das für einen großen Fortschritt. Allmählich aber musste ich erkennen, dass ich mich darin ganz gewaltig getäuscht hatte. Die inneren Stimmen meldeten sich nämlich schließlich zu oft und ohne genügenden Grund, auch gegen meinen Willen, sie wurden vielfach böswillig,

---

[157] STAUDENMAIER, Ludwig 1968
[158] ebda. S. 23

raffiniert, spöttisch, zänkisch, ärgerlich usw. Es ging dann tagelang ganz gegen meinen Willen ein unerträgliches und widerliches Streiten fort."[159]

Die Wesenheiten, die ihn später heimsuchten, erinnern zum Teil an Stereotypen aus Jungs kollektivem Unbewussten, wie „die Hoheit", „das Kind", „der Bocksfuß"[160]. Jung hat bereits auf die Gefahren hingewiesen, die durch die Überschwemmung des Bewusstseins oder Ichs durch Repräsentanten der Archetypen aufkommen können[161].

Staudenmaier stellte bald fest, dass die Wesenheiten logen. Optische, olfaktorische und haptische Halluzinationen kamen dazu und beherrschten sein Leben fast vollständig. Zwei Jahre verbrachte er in einer psychiatrischen Klinik und wurde 1923 in den Ruhestand versetzt.

Staudenmaier verstand seine Quälgeister nie als externe Geistwesen, sondern als Projektionen seines Unbewussten. Später teilte er ihnen verschieden Organe (Leber, Darm, etc.) zu.

„*Wie man auch hier wieder sieht, kann es zu einer sehr weitgehenden >Spaltung des Bewußtseins< kommen, so daß die Halluzinationen und Personifikationen sich wie die schlimmsten Feinde gegen die eigene Person verhalten. Das wollen die Spiritisten vielfach nicht glauben und gerade feindliche Demonstrationen als eine[n] Beweis für die Anwesenheit von fremdartigen Wesen – d. h. von Geistern – in diesem Falle von bösen Geistern ansehen. Dieser Schluß ist aber durchaus nicht berechtigt, denn wie schon weiter vorn hervorgehoben, besteht ein sehr charakteristischer Irrtum der auftretenden Personifikationen darin, daß sie sich wirklich für das halten, was sie nur vorstellen und daß sie dementsprechend auch handeln. Umgekehrt ist es darum von Seite der Spiritisten ebenso verfehlt, einem auftretenden guten Geiste unbedingten Glauben zu schenken, selbst wenn er sich als denjenigen des verstorbenen Vaters, der Mutter oder des Gatten erklärt und auch durch sein Verhalten als solchen legitimiert. Im Falle einer Täuschung kann man dem „Geiste" (d. h.*

[159] ebda. S. 24f
[160] ebda. S. 77
[161] BALMER, Heinrich H. 1972

dem einschlägigen Unbewußten) keinen Vorwurf für ein unnatürlich lü-
genhaftes Verhalten dem bewußten Ich gegenüber machen, weil er es sel-
ber nicht besser weiß. Der Irrtum beruht eben auf Gegenseitigkeit.
Derjenige, der den Geist zitiert, ist im Irrtum befangen, daß die auftre-
tenden Personifikationen Geister seien und behandelt sie dementspre-
chend und umgekehrt halten sich die Personifikationen wirklich für
Geister und handeln dementsprechend[162].

Staudenmaiers Experimente und den Imaginationen des New-Age-
Schamanismus ist das Fehlen des Dienstes am Nächsten und der
Gruppe gemein. Durch die fehlende Religio, die Rückbindung an ein
„Höchstes Verehrungswürdiges", wie es Johanna Wagner nannte[163],
interessiert den Praktizierenden vor allem das Erfolgserlebnis der
Machbarkeit und Eigennutz durch die Optimierung der eigenen Person (heute: mein spirituelles Wachstum). Folgerichtig kommt in Michael Harners Klassiker „Der Weg des Schamanen" der Liebe Gott
nicht vor.

Das echte Schamanentum ist eingebunden in ein Glaubenssystem.
Die Verehrung des Verehrungswürdigen Höchsten, sei es ein Gott/eine
Göttin, die Ahnen, ein Pantheon oder Alexanders „Om" führt sowohl
die Schamanin/den Schamanen als auch alle Mitglieder der Gemein-
schaft auf den „rechten Weg" der Bibel, beziehungsweise „die gute rote
Strasse" der Lakota. Dämonen werden von vorne herein ausgeladen.

Dieser religiöse Aspekt von schamanischen Ritualen zieht die Mitglieder der Gemeinschaft an. Hier ist der Ort, an dem sich der Einzelne
aus dem Tagesgeschehen zurückziehen und dem Verehrungswürdigen
Höchsten nähern kann. Heilung und heil werden sind mehr, als die
Befreiung von Symptomen und hängen nicht nur etymologisch mit
heilig und Heiligung zusammen. Warum sonst heilte Jesus? Eigentlich
hatte er ja was anderes vor.

---

[162] STAUDENMAIER, Ludwig 1968 S. 127f
[163] WAGNER, Johanna 1996

Staudenmaiers „Dämonen" sind Neoplasmen seines Unbewussten. Als Neoplasmen bezeichnet man raumfordernde Neubildungen wie Krebstumoren. Krebstumoren konsumieren wie Parasiten ihren Wirt bis zu dessen Tod. Sie können ihr Wachstum nicht selber stoppen. Diese Neuschöpfungen, obwohl sie aus dem System des Unbewussten stammen, werden immer systemfremder und zunehmend systemfeindicher und destruktiver. Sie leiden an einem Allmachtswahn. Beim Krebstumor zeigt sich dieser in seinem Unsterblichkeitswahn und beim Dämonen-Neoplasma in seinem Macht- und Kontrollwahn.

Aber nicht alle Neoplasmen kippen um. Manche bleiben positiv, wenn man ihre Fantastereien ausser Acht lässt. Je mehr Aufmerksamkeit und Emotionen der Praktizierende ihnen widmet, desto mehr können sie sich aufblähen und sich mit ihren guten Ratschlägen und schönen Imaginationen zu einem Neo-Götzen aufbauen, der entsteht, wenn sich Neoplasmen einer grösseren Anhängerschaft erfreuen. In der Esoterik-Szene gibt es viele Neo-Götzen.

Neoplasma

Kürzlich erzählte mir eine Frau, dass sie aufs übelste von Fratzengesichtern, auch am helllichten Tage, heimgesucht würde und fragte mich, was sie dagegen machen könne. Ich riet ihr zu beten und Jesus und die Jungfrau Maria um Hilfe zu bitten (bewährte Einkleidungen unserer Kultur). Das lehnte sie empört ab. Von der katholischen Kirche habe sie die Nase voll. „Ich arbeite mit Engeln", sagte sie und nannte mir zwei biblische Engelnamen. „Das ist ja wunderbar", sagte ich „dann bitte deine Engel, dir zu helfen". Sie entgegnete, dass die zu langsam wären und sie deshalb lieber ihr Krafttier und ihren Geistführer rufen würde. Die wären sofort da.

Im New-Age-Spritismus haben sich solche Syteme gebildet, in denen sich Neo-Plasmen zu Neo-Götzen (sogenannte Geisttiere, sogenannte Engel, aufgestiegene Meister und andere) aufschwingen.

Neo-Götzen

Bereits vor circa 30 Jahren erzählte mir eine Frau, dass sie an Gebärmutterhalskrebs erkrankt sei, aber jegliche medizinische Behandlung ablehne. Sie gehörte zu dem Kreis einer Seherin. Dort hatte sie spirituelles Wachstum gefunden. Die Sache mit dem Krebs sei so: Um unsere Erde kreise das nicht wahrnehmbare Raumschiff der Gottheit Abraxas (Neo-Götze). Sein Ziel sei, die Menschheit auf eine höhere Bewusstseinsebene zu heben. Dafür schwängere er Frauen. Leider klappe das nicht und führe nur zu bösartigen Neoplasmen(!). Die Seherin hatte aber Kontakt zu ihm aufnehmen können und war dabei, ihn von der Unwirksamkeit seiner Methode zu überzeugen. Dadurch würde nun auch bald ihr Tumor wieder verschwinden.

Abraxas stellt kein individuelles Neoplasma, wie etwa Staudenmaiers ‚Rundkopf' und ‚Gummiball'[164] dar, sondern einen durch seine historisch Einbindung, und Anerkennung Mehrerer (der Zirkel der Seherin) Neo-Götzen. Auch hier wird wieder sichtbar: Je naturalistischer die Einkleidung, umso minderwertiger „der Geist".

---

[164] STAUDENMAIER, Ludwig 1968

Fallstrick Ego

Ein weiterer Fallstrick betrifft die New-Age-Schamanen und, wie ich nicht ausschliessen möchte, auch manchen Old-Age-Schamanen.

Falsche Schamanen und Pseudoschamanen bleiben im individuellen Unbewussten stecken. Da liegen große Gefahren. Das Problem ist nicht, dass jemand mit seinem individuellen Unbewussten arbeitet, sondern dass er oder sie nicht weiss, womit er oder sie arbeitet. Wenn der Dienstleister glaubt, er habe direkten Zugang zu einem Geisthelfer, Geistführer, Jesus oder Ausserirdischen wird die Sache problematisch.

Stellen wir uns vor, ein Mann kommt zu einer Seherin, weil er wissen will, wie er seinem Sohn, der nichts tut, ausser kiffen und abhängen, helfen kann. Die Seherin sieht eine Szene, die sie an ihre Kindheit im Allgäu erinnert: Der kleine Sohn des Försters steht am Waldrand. Die Seherin bittet ihren Geistführer/Engel/Krafttier um Erklärung. Ihr Geistführer, der ihrem eigen Unbewussten entsprungen ist und gute kollegiale Beziehungen zu ihrem Bewusstsein unterhält, erklärt ihr, dass der arme Knabe deshalb alleine im Wald steht, weil er nicht genug geliebt wurde und wird.

Wenn dieselbe Person aber sagt: „Warte mal, ich gehe jetzt in mich. Ich sehe mich vor dem Forsthaus im Allgäu, wo ich als Kind oft war. Der Sohn des Försters steht am Waldrand. Was sagt dir das, in Bezug zu deiner Frage?", dann ist das eine qualitätsvolle Arbeit. Vielleicht antwortet der Mann verblüfft, dass sein Sohn eine Lehre in der Forstwirtschaft machen wollte, was er ihm untersagt hat. Mach du erstmal Abitur, usw…

Was macht den Unterschied zwischen beiden Vorgehensweisen aus?

Der Unterschied liegt in der Rolle des Egos. Im ersten Fall wird eine Wahrheit von einer vermeintlich ausserpersönlichen wissenden, wenn nicht gar allwissenden Quelle heruntergeladen und akzeptiert. Im zweiten Fall outet sich der Dienstleister als eher begrenzter Seher. Die Seherin bekennt, dass sie über keine allwissende Geistquelle verfügt. Das mag das Ego gar nicht.

Und hier kommt jetzt Freuds Unbewusstes der verdrängten Inhalte ins Spiel.

Jede schamanische Dienstleistung kann missbraucht werden. Dienstleistungen im Bereich der transpersonalen Techniken allgemein eignen sich besonders dazu, missbraucht zu werden.

Was sind die Motive für einen eventuellen Missbrauch?

Ganz vorne rangiert dabei Adlers Machttrieb. Macht über andere zu bekommen, und zu haben geht hervorragend mit Dienstleistungen und Prozeduren, die nicht überprüfbar sind und so einen hohen und aussergewöhnlichen Grad von Begabung und Spezialisierung erfordern, dass das gemeine Volk bewundernd davor steht.

Macht kann zweckgebunden sein. Macht, um an das Geld der anderen heranzukommen oder Macht, um Sexualpartner ins Bett zu bekommen. Aber Macht zu haben, kann auch reiner Selbstzweck sein. Denn der Machthaber fühlt sich gut. Macht zu haben entschädigt für alle Erfahrungen der Demütigungen, Vernachlässigung, Missachtung, Herabsetzung, Ablehnung, die man in seinem Leben erfahren musste.

Macht zu haben ist ein vorzügliches Mittel zur Ego-Stabilisierung. Dieses Gefühl „jetzt bin ich wer" beruhigt ungemein, verringert oder eliminiert die Selbstzweifel und schafft Identität. Jetzt bin ich Schamane. Ich werde von den Leuten respektiert. Ich bin ganz oben angekommen. Nach der Ego-Stabilisierung kommt die Ego-Blähung. Erst gesundet das angekratzte Ego scheinbar, danach will es mehr. Es bläht sich auf zu diktatorischem Größenwahn. Dann platzt es. Der große Zampano begeht Selbstmord. Noch besser ist erweiterter Selbstmord, wobei alle seine Anhänger sich auch umbringen (Jones-Sekte 1978, Sonnentempler 1994, *Die Zehn Gebote* 2000).

Egostabilisierung, Heraufsetzen der eigenen Person über andere, das Gefühl von Machtfülle (im Gegensatz zu Ohnmacht und Machtlosigkeit) sind die Feinde des Schamanisierens.

Besonders gefährlich sind diese „niederen Beweggründe" weil sie oft unbewusst bleiben. Ganz nach Freud verdrängt das Bewusstsein diese unschönen Züge in den Keller, wo sie dann fröhliche Urstände feiern können.

Deshalb wird in vielen Kulturen darauf Wert gelegt, dass die Schamanen bescheiden und demütig auftreten.

Der Lakota Heilige Mann Nicholas Black Elk sagte dazu: *„Und ich heilte viel mit der Kraft, die mir innewohnte. Freilich war nicht ich es, der heilte; es war die Kraft der jenseitigen Welt, und die Gesichter und Riten hatten mich bloß zu einer Öffnung gemacht, durch welche die Kraft zu den Zweibeinern gelangen konnte. Hätte ich geglaubt, dass ich von mir aus also wirke, so hätte sich die Öffnung geschlossen, und die Kraft wäre ausgeblieben; und alles, was ich hätte beginnen wollen, wäre Torheit gewesen."*[165]

Je aufgeblasener ein Ego wird, umso wahrscheinlicher ist die Situation, dass die transpersonalen Techniken in einem sich verselbstständigendem System agieren.

Neudeutsch gesagt findet immer noch Channeling statt. Aber aus welcher Quelle wird gechannelt? Die möchte man nicht unbedingt in der eigenen Wohnung oder im eigenen Kopf haben. Systeme, die sich verselbstständigt haben und keiner Kontrolle mehr unterliegen, können haufenweise Artefakte produzieren (Geister können lügen).

Je qualitativ minderwertiger ein System ist, umso leichter ist es zu handhaben. Wenn wir das Ganze umgekehrt betrachten, je hochwertiger ein System ist, umso stärker versucht es, sich dem Geist zu nähern.

---

[165] SCHWARZER HIRSCH/NEIHARDT, John 2008

In dem Masse, in dem sich ein System, ein Schamane, dem Geist nähert, umso fliessender wird alles, schwerer zu erfassen, abstrakter, und Regeln verlieren ihren Absicherungscharakter.

Ausserdem sind qualitativ minderwertige Systeme leichter zu kontrollieren. Höherwertige Systeme, die Unwägbarkeiten und ständigen Fluss erlauben, sind schwer bis gar nicht zu kontrollieren. Damit verliert das Bewusstsein seine Einflussmöglichkeit. Man fühlt sich ausgeliefert, die Angst vor Kontrollverlust droht. Und so etwas kann sich ein erfolgreicher, durch-optimierter Pseudo-Schamane nicht leisten.

Wenn nicht so, wie denn dann?

Jetzt fragt sich die frustrierte Leserin, der frustrierte Leser: Was kann ich denn machen, um mich aus der Enge meines eingeschränkten Bewusstsein zu befreien, wenn ich keinen Guru möchte, nicht in der Psycho-Schiene hängen bleiben will und kein Berufungserlebnis gehabt habe. Ich will jetzt auch keines mehr (Zerstückelung, Meningitis, Landarzt).

Die wichtigste Tugend auf dem Weg zum Kontakt mit dem Anderen ist Geduld. Ein Feind auf dem Weg ist schneller Erfolg.

Wer nicht im eigenen Unbewussten hängen bleiben will, sollte nicht imaginieren. Wenn Bilder auftauchen, sollte ihnen keine Bedeutung zugemessen werde. Lasst sie ziehen. Wenn man den Bildern keine Bedeutung beimisst, muss man sie auch nicht interpretieren.

Ein weiterer Feind auf dem Weg ist die Interpretation. Schier unausrottbar scheint das Vorgehen zu sein, hinter allem Möglichen eine tiefere Bedeutung zu suchen.

Die Lakota Medizinleute und spirituellen Lehrer werden nicht müde zu sagen, dass alles, was man in der Schwitzhütte, auf Visionssuchen, beim Sonnentanz sieht, genau das ist und nichts anderes. Es liegt keine verborgene Bedeutung dahinter.

Wenn ein Europäer während der Visionssuche einen Adler gesehen hat, fragt er den Medizinmann nach der Bedeutung. Ist das jetzt mein Geisttier? Bekomme ich jetzt einen Namen? Welche neuen Fähigkeiten hat mir der Adler verliehen? Der Medizinmann wird ihn fragen, ob der Adler mit ihm gesprochen hat. Nein. Ob er den Adler etwas gefragt hat? Nein. Warum nicht? Ähh.... Dann wird er dem Visionssucher raten, im nächsten Jahr nochmal „auf den Hügel" zu gehen, um zu erfahren, was der Adler ihm eventuell mitteilen wollte.

Die Lakota Medizinleute lehren auch, dass wichtige Informationen (Visionen, Träume) wiederkommen. Man soll ihnen beim ersten Mal keine Bedeutung geben. Erst wenn sich so eine Information viermal eingestellt hat, ist sie wichtig. Und in diesem Fall kann man den Medizinmann seines Vertrauens aufsuchen, der dann eventuell dazu rät, noch einmal „auf den Hügel" zu gehen, diesmal aber vier Tage ohne Essen und Trinken. Denn jetzt sei es wirklich wichtig.

Betrachten wir noch einmal die Top-down und Bottom-up Wege. Der Versuch, gleich mit einem Sprung die Spitze zu erreichen, ist nicht aussichtslos aber nicht jedem gegeben. Eine Top-Technik wäre die Visionssuche. Je konsequenter hierbei auf die üblichen lebenserhaltenden Maßnahmen verzichtet wird, umso aussichtsreicher wird das Unternehmen.

Bei den Lakota dauert heute die längste mögliche Visionssuche vier Nächte und vier Tage, ohne Essen und Trinken, bei 40 Grad im Schatten, und, wenn man Pech hat, auf einer baumlosen Hügelkuppe.

Die heute in Europa praktizierte Steinkreis-Variante kann ein viertägiges Fasten mit Tees als Vorbereitung beinhalten und bis zu neun Tagen (mit Tee) in einem Steinkreis beten und meditieren anschließen.

Nach vierzigjähriger Erfahrung kann ich sagen, dass durch jährliche Visionssuchen ein Prozess ausgelöst und verfolgt wird, der eine Umstrukturierung der Person zur Folge haben wird. Auf „Visionen" kommt es dabei gar nicht an. Sie sind vielleicht nur die Zuckerstücken, die einen bei der Stange halten sollten.

Zum Glück gibt es tatsächlich Bottom-up Techniken, die aber genau so viel Durchhaltevermögen erfordern, dafür aber umso erfolgversprechender sind, je mehr sie zur täglichen Gewohnheit werden. Ganz klar gehören Meditationstechniken in diesen Bereich. Besonders effektiv sind dabei die asiatischen Techniken, die auf einen über Jahrtausende entwickelten Erfahrungsschatz zurückgreifen können. Meditieren sollte man natürlich täglich, wenn man irgendwo hingelangen will. Erst in neuerer Zeit wurden moderne Trance- und Ekstasetechniken entwickelt. Hierbei gibt es sicherlich, wie überall, effektivere und weniger effektive bis wirkungslose Methoden. Ich kann zwei Trancetechniken empfehlen: Ekstatische Trance von Felicitas Goodman[166] und Shaking Trance von Bradford Keeney.[167] Natürlich ist auch hierbei „Beharrlichkeit förderlich", wie das I-Ging sagt.

[166] GOODMAN, Felicitas, NAUWALD, Nana 2004
[167] KEENEY, Bradford, 2007

Um die eigene Bewusstseinserweiterung zu fördern, empfehle ich folgende Punkte:

Punkt eins:
Alle Imaginationen beenden. Alle Geisttiere mit großem Dank freilassen. Alle Geistführer mit großem Dank entlassen.

Punkt zwei:
Tägliche Meditation mit dem Ziel, den inneren Dialog anzuhalten und die auftauchenden Bilder durchfließen zulassen, was das Gegenteil von Visualisieren und Imaginieren ist.

Punkt drei:
Sich einem Verehrungswürdigen Höchsten unterordnen. Das schafft Demut. Demut und Hingabe sind wesentliche Haltungen gegenüber dem Großen Geist, dem Anderen, der transzendenten und immanenten Kraft, dem Logos.

Dafür einmal täglich beten: Danken für die großen Geschenke, die man erhalten hat. Beten für Kranke, den Wald, den Weltfrieden. Dazu ist es nicht nötig an „einen Gott zu glauben". Die innere Einstellung, seinen Intellekt einmal täglich in Dankbarkeit mit den Problemen anderer zu verbinden, zählt.

Punkt vier:
Empfehlenswert ist die regelmäßige Ausübung einer Trancetechnik, wie die Ekstatische Trance nach Felicitas Goodman oder die Shaking Trance nach Bradford Keeney.

Punkt fünf:
Morgens ein Gläschen Wasser und etwas vom Frühstück „für die Geister" ans Fenster stellen. Diese Geste sollte absichtsfrei erfolgen. Sie soll

nichts herbeizaubern, sondern die eigene Haltung des Teilens kultivieren.

Punkt sechs:
Einmal oder zweimal jährlich Visionssuche. Einen bis vier Tag vorher fasten. Morgens an einen ungestörten Ort gehen, dort einen Kreis formen: einen Steinkreis oder ein Seil auslegen. Im Kreis bleiben, ihn nur zum Pinkeln verlassen. Abseits Geschenke deponieren: Wasser, Kekse, Honig, Tabak, 100 Euro, die nach Beendigung einer gemeinnützigen Organisation gespendet wird. Dort kann man dann 24 Stunden bis 9 Tage fastend beten (mit oder ohne Tee/Wasser), zum Beispiel: „Ich kann nichts sehen. Öffnet mir die Augen. Ich kann nichts hören. Öffnet mir die Ohren. Ich habe kein Lied. Gebt mir ein Lied".

Nach diesen Bitten ist dann noch genügend Zeit für die Kranken, für den Frieden, für die Natur zu beten.

Achtung: Nicht imaginieren! Nicht interpretieren! Wenn etwas zu einem gekommen ist, das man nicht verstanden hat, kann man beim nächsten Mal nachfragen.

Nach vier, fünf, sechs Jahren wird man feststellen, dass man nicht mehr Die- Derselbe ist.

Punkt sieben:
Sich mit der Erde verbinden: Einer Bürgerinitiative oder einem Verein zum Erhalt der Natur beitreten, regelmäßig Müll aus der Landschaft sammeln, einen Garten anlegen, mit Bäumen reden, mit Kühen reden, der Landschaft etwas vorsingen oder vorspielen.

Die Annäherung an den Geist langfristig planen, individuell in Fünfjahresschritten und gesamtgesellschaftlich für drei Generationen.

Schluss

Warum haben wir uns dem Schamanismus zugewendet?

Ein Interesse von Seiten der Europäer am Schamanentum bestand schon lange, es blieb aber bei einer passiven Auseinandersetzung. Ab der 1970er Jahren wurde und wird jetzt versucht, schamanisches, rituelles Tun in unser Leben zu integrieren. Diese Adaption vollzog und vollzieht sich oft, wie wir gesehen haben, in einem niedrigschwelligen Rahmen, der ausserdem zu erheblicher Weichwaschung neigte und neigt.

Ist es das, was wir wirklich wollen? Oder was wollen wir wirklich vom Schamanentum? Was hat es uns zu bieten, das eine Fehlstelle in unserem Leben, unserer Weltsicht und unserem Geist ausfüllen kann?

Die vorangegangenen Empfehlungen für eigenes Tun (1 bis 7) deuten bereits an, dass das Weltbild von uns europäischen Zeitgenossen sehr heterogen ist. Die christliche Prägung kann weder geleugnet noch einfach abgeschafft werden, selbst wenn man sich für einen Atheisten oder Agnostiker hält. Asiatische Meditationslehren und Yoga erweitern schon seit langem unser Bewusstsein und unser Bild vom Menschen. Der von spirituell Suchenden viel geschmähte Materialismus ist so tief verwurzelt, dass seine Erkenntnisgrundlage oft verdrängt wird, was, wie alle Verdrängung zu unkontrollierter, unterschwelliger Einflussnahme führt. Psychosoziale Techniken rangieren von der Psychotherapie bis in die Lebenshilfe-Ecke jeder größeren Buchhandlung, weil wir uns für latent verbesserungsbedürftig und diffus unglücklich halten. Und jetzt ist in den Buchhandlungen auch noch die Ecke „Schamanismus" hinzugekommen.

Im Schamanisieren offenbart sich eine geistige Naturgewalt. Wir erhoffen uns durch Trance, Ekstase, Fasten, Tanzen eine lebendige ungefilterte Erfahrung des Seins und des Geistigen; man könnte auch sagen, wir wollen wieder selber nach Gott schreien.

Wir wollen nicht mehr getrennt sein. Wir wollen Tier sein, Stein sein, Baum sein – wenigstens für einen Augenblick, um in einem erweiterten Sein aufgehen zu können oder, wie die Lakota sagen, unsere Verwandtschaft mit der gesamten Schöpfung als Erlebnis erfahren zu können (und nicht als intellektuelle Herleitung).

Bei den wirkmächtigen Performances (Durch-Formungen) der Schamanen begibt sich der Performer hinein in den Fluss der immerwährenden Schöpfung. Geist generiert Probabilitätswellen, die sich wie Wasserdampf an der Fensterscheibe zum Sein niederschlagen und als Tropfen herablaufen.

Geist sendet Impulse, immerzu. Der Impuls verdichtet sich indem er ins Sein eintritt. Er konkretisiert sich, bis er sich in einer Form, die die entsprechende (Empfänger-) Kultur für angemessen hält, anbietet und sich mehr oder weniger deutlich manifestiert.

Wenn eine Kultur keine Form anbietet, bleibt der Impuls abstrakt.

Wenn sich Impuls zu einer Form verdichtet hat, findet Wirkung statt. Das Impulsbündel wirkt durch Information. Das Impulsbündel kann eventuell im Wellenbereich wahrgenommen werden (Licht, Geräusche).

Nachdem Wirkung geschehen ist, löst sich das Impulsbündel wieder auf. Nichts, was man *haben* könnte, bleibt zurück. Weder die Schamanin noch der Patient/Klient kann etwas behalten.

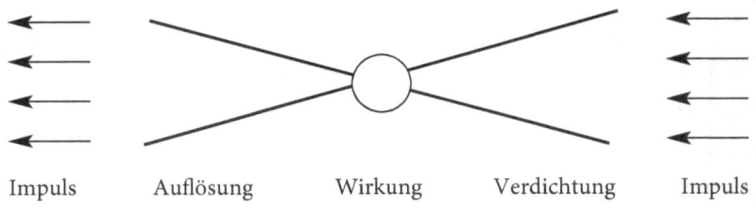

| Impuls | Auflösung | Wirkung | Verdichtung | Impuls |

Wie sieht das in der Praxis aus?

Ein Beispiel aus unserer Zeit kann dies verdeutlichen. 1996 vollzog sich in einer Inuitgemeinde das gleiche Ritual, das schon seit alters her den Walfang begleitet.

„Point Hope in Alaska besteht aus einer Ansammlung von Holzhäusern entlang der Beringstrasse, es ist ein traditionelles Dorf, in dem Inupiat gesprochen wird, und seit über zweitausend Jahren ohne Unterbrechung bewohnt. Jedes Jahr findet zu Beginn der Waljagdsaison ein wichtiges Ritual für den Nordwal, baleana mysticetus, statt. Die Frau eines Bootsführers läuft alleine voraus und streckt sich auf dem Eis aus, wobei ihr Kopf in Richtung Dorf und ihre Beine, weit ausgebreitet, in Richtung offenes Meer weisen. Die Jäger folgen dicht hinter ihr, ziehen ihr Walfangboot auf einem Schlitten hinter sich her, Am Ufer entlang lassen sie ihr Boot zu Wasser und rudern aufs eisige Meer hinaus. Plötzlich machen sie unvermittelt kehrt und hasten zurück ans Ufer.

Der Ehemann springt aus dem boot, läuft auf seine Frau zu und „harpuniert" sie, berührt ihren Hals durch die Kapuze ihres Parkas. Sie erhebt sich nach einer Weile langsam und kehrt ins Dorf zurück. Mit diesem Ritual vollzieht sie eine symbolische Wandlung - aus dem Beutetier Wal wurde der Geist des Wals, der ehrenvolle Gast. Und auf ihrem langen Heimweg, so heisst es, tritt die lange Schwanzflosse des Wals aus ihrem Mund. Diesen Vorgang beschrieb die Ethnographin Edith Turner von der University of Virginia mit den Worten: „Nun ist sie in einem schamanischen Zustand der Einheit mit dem Wal."

Zuhause setzt sich die Frau hin und wartet darauf, dass sie den Wal auf-
tauchen hört. Sie spürt, wann die Männer das Tier harpunieren und
geht wieder ans Meer. Wenn der Fang angelandet wird, kniet sie neben
dem Wal nieder, betet schweigend, hilft, das Tier zu schlachten und er-
hält ihren Anteil; das Herz und die Schwanz- und Brustflossen. Sie gelten
als das „Wesen des Walseins", um das die Frau intuitiv weiss und an
dem sie teilhat.

Hier, wie in anderen Jägerkulturen auch, geht man davon aus, dass
die Tiere Menschen an ihrem spirituellen Wesen Anteil haben lassen.
Man trennt ihnen den Kopf ab und und entlässt ihren Geit, ihre Seele,
in die Freiheit, wo sie neu geboren werden. Mithin gehört es zu diesem
Ritual, dass die Jäger dem Meer den Kopf des Wales zurückgeben und
dabei „Komm wieder!" rufen. Sie sagen, der Wal geht, um sich einen
neuen Parka wachsen zu lassen, um neues Fleisch anzusetzen, damit er
zur neuen Ernte wiederkommen kann.

So lockt also die Frau eines Jägers den Wal an, schlachtet ihn später,
teilt sein Fleisch unter den Leuten auf und befreit die Seele des Tieres.
Nur ein Tier, das ihr wohlgesinnt ist, weil sie immer grosszügig war, wird
sich ihrem Mann hingeben. Der ehemann drückt die Anerkennung für
seine Frau aus, indem er sagt: „Nicht ich bin der grosse Jäger, sondern
meine Frau."[168]

Der Geist des Menschen verbindet sich mit dem Geist seines Wohltä-
ters, des Wals. Geistige Potenz wird gerufen indem die Frau zur Eis-
kante geht und dort ihr Schöpfungsorgan dem Wal präsentiert. Die
Jäger agieren die Waljagd aus. Die Schöpfungskraft der Wal-Frau wird
in Harmonie gebracht mit der Vernichtungskraft der Menschen-Män-
ner.

---

[168] TEDLOCK, Barbara, 2007 S. 65f

Die Durchformung von rechts nach links gesehen:
Durch Einladung der Geistimpulse verdichten diese sich so zu einem wirkmächtigen Nukleus. Handlung kann stattfinden, weil die Frau sich in einem Wal-Zustand befindet. Dieser schamanische Zustand ist gekennzeichnet durch die Transzendierung von Zeit und Raum. Die Frau erlebt teilnehmend die entfernte Jagd. Ein Wal opfert sich für seine menschlichen Verwandten. Der wirkmächtige Kern des Geschehens beinhaltet die Tötung des Wals als Selbstopfer. Danach folgt die fortschreitende Auflösung. Erst wird die Walfrau geehrt und damit zum nur-Mensch-sein zurückgeholt. Dann verteilt sie das lebenserhaltende Geschenk an die Mitglieder ihrer Gemeinde. Schließlich wird der tote Rest bestattet, indem der Kopf mit Wünschen dem Meer zurückgegeben wird. In der Auflösung empfängt Geist die Informationen dieses Geschehens. Geist ist nun bereichert durch positive Informationen: Wertschätzung, Respekt, Freigebigkeit, Ehrerweisungen, Dankbarkeit, Achtsamkeit.

(Hätten wir das nicht auch gerne in der Schweinemast? Fänden wir das nicht angemessen für den Umgang mit unseren Ackerflächen?)

Wenn dieser Prozess gelingt, entsteht ein ununterbrochenes Fliessen:

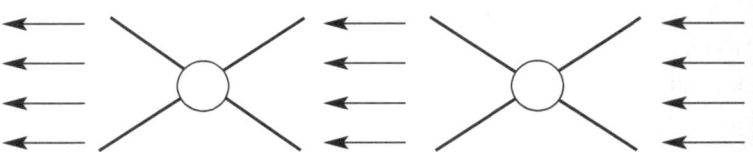

Diese Bewegungen kann auch als Welle dargestellt werden:

Versucht man etwas aus der Welle herauszulösen (mein Geisttier, mein Geistführer, mein Schutzamulett), bricht die Welle ab.

Eine Analogie zur Quantenphysik kann das Geschehen verdeutlichen. Wenn eine Probabilitätswelle kollabiert, entsteht Materie (Teilchen). Dadurch wird ein unwandelbarer Zustand (und Reproduzierbarkeit) erreicht.

Reproduzierbarkeit ist nur durch Quantifizierung erreichbar. Qualität ist nicht reproduzierbar. Wie in der Kunst ist Qualität höchstens kopierbar. Es gelingt aber nicht, die Mona Lisa zweimal zu malen.

Wenn die Welle kollabiert, um einen Gegenstand mit Wirkmächtigkeit aufzuladen, entsteht zum Beispiel ein Amulett. Amulette sind aber reproduzierbare Tools (der Amulett- und Fetischtechnologie) und nur schwach wirkmächtig. Deshalb bedürfen sie in den meisten Kulturen einer wiederholten Pflege um ihre, wenn auch begrenzte Wirkmächtigkeit zu erhalten.

Das Herauslösen eines „Kraftobjektes" oder „Geisttieres" aus dem fließenden Prozess der Welle bewirkt, dass die durch die Verdichtung entstandene Konkretition sich nicht wieder auflösen kann. Der Impuls ist dann abgeschöpft worden und es ist danach nichts mehr da, was dem Geist zugeführt werden könnte. Geist wird nicht mehr ernährt. Dadurch verflacht die Welle. Wird sie wieder durch Schamanisieren aufgerufen, ist sie flacher und weniger wirkmächtig.

Das erklärt, dass in vielen schamanischen Kulturen, unter anderen auch bei den Lakota bekannte Phänomen, dass manche guten Schamanen oder Medizinleute mit der Zeit schwächer werden. Sie haben dann ihren Kunden gegenüber zu viele Zugeständnisse gemacht und Wirkmächtigkeit materialisiert. Dadurch ist ihre Welle immer mehr verflacht.

Nur ein spartanisches Leben in Zurückgezogenheit und wiederkehrendes Fasten und Meditieren können die Welle unterhalten oder sogar wieder aufbauen.

Der Lakota Heilige Mann Frank Fools Crow sagt deshalb auch, dass jeder diese Dinge (schamanisieren, heilen) tun kann, wenn er oder sie so lebt, wie er[169]. Damit meint er sowohl tägliche Gebetsübungen als auch ein bescheidenes Leben.

1974 besuchte Thomas Mails Fools Crow und seine Frau Kate in einem alten Einzimmer-Blockhaus: *„Es hatte einen kaputten Holzofen, Kerosinlampen als Lichtquelle und rollenweise lila Packpapier, das an die Decke genagelt, den Staub draussen halten sollte. Wenn es regnete kam soviel Wasser durch das Dach, dass sie nicht genug Büchsen und Eimer hatten, um alles aufzufangen.“*[170]

Ich besuchte 2013 eine alte Freundin und Medizinfrau in einem Lakota-Reservat, die mit ihrem Sohn, dessen Frau und Kind in einem verwohnten Zweizimmer-Haus lebte. Der Holzboden war teilweise eingebrochen, einzige Heizquelle war ein alter gusseiserner Ofen und die zahlreichen Ritzen in den Wänden waren mit Bauschaum ausgespritzt.

Wie das Beispiel der Waljagd gezeigt hat, haben nicht nur Schamanen die Fähigkeit, für einen Zeitraum mit der Schöpfungswelle zu schwingen. Schamanen haben diese Fähigkeit in ausgeprägtem Masse. Der Welle zu folgen kann aber auch ein kultureller und/oder individueller Weg sein, eine Art, wie man sein Leben lebt.

Besonders in asiatischen Philosophien finden wir diese Werte und Techniken: Beispiele sind das Nicht-tun und Nicht-haben im Buddhismus, und die Kampfkünste durch zurückweichen und mit Fremdbewegungen mitgehen, wie im Judo.

---

[169] MAILS, Thomas E. 1991
[170] MAILS, Thomas E. 1979, S. 21

Nichts anhalten wollen und nichts aneignen (haben) wollen sind diejenigen Werte, die ein ununterbrochenes Fließen ermöglichen. Diese Werte können gelebt werden durch erhalten (betrachten und sich freuen) und weitergeben.

Das Nehmen soll dem Geben entsprechen. Share Holder Values sollten umgehend in Share Giver Values und Share Receiver Values umgewandelt werden.

Diese Erkenntnis, obwohl sie nicht gerade neu erscheint, ist in unserer „westlichen" Kulturgeschichte verzerrt worden. Das kirchenchristliche Ideal propagierte ausschließlich das Geben als Wert. Geschenkt bekommen ist irgendwie minderwertig. „Mir hat man auch nichts geschenkt. Ich musste mir alles hart erarbeiten." Es gibt Menschen, die auch noch stolz darauf sind. Warum hat man ihnen nie etwas geschenkt?

Nicht „die anderen wie sich selbst lieben" war erstrebenswert, sondern Nächstenliebe unter Selbstentsagung (Aufopferung, Martyrium) wurde zum Ideal erhoben. Diese Einseitigkeiten wurden durch ihre Gegensätze kompensiert, als da sind Habgier (Besitz als Egostabilisation), Bezahl-Ethik (verhindert Austausch und Soziabilität), Bespassungsbedürfnis (anstelle von Selbstliebe und Selbstzufriedenheit).

Wir wollen eine andere Zukunft. Dafür suchen wir im Osten, im Westen und in der Vergangenheit. Aber die Vergangenheit enthält keine Lösungen für Probleme der Zukunft. Sie bietet aber Denkanstösse durch alternative Wege der Problemlösung, die schon einmal begangen worden sind.

So ist das alte, gewachsene Schamanentum kein Modell für unsere Zukunft. Was wir heute unter Schamanismus verstehen zu meinen ist ausserdem nur ein Abbild eines Abbildes des Schamanentums einzelner Völker, das wir zu uns heutigen Menschen in Beziehung setzen. Kaum eine/r macht sich die Mühe die ganze Literatur über solche schamanischen Kulturen und Praktiken zu studieren, um auch nur ein einigermaßen umfassendes Ab-Bild zu erhalten.

Jede ethnologische, religionswissenschaftliche oder psychologische Studie oder Interpretation über den Schamanismus und über Schamanen verweist vor allem auf den vorherrschenden westlichen Zeitgeist bei Entstehung der Studie.

Darin liegt auch eine Berechtigung unserer erneuten vehementen Beschäftigung mit dem Schamanisieren. Ein neuer Zeitgeist ist im entstehen. Er entdeckt, dass es Möglichkeiten hinter der Welt gibt und sucht nach Vorbildern, um sich jenen Möglichkeiten hinter der Welt nähern zu können.

Aber wir leben nicht als indigenen Kleingruppen auf niedrigem technischen Niveau (ohne Fernseher und PKW, oh je). Deshalb hilft die Wiederbelebung des alten Schamanisierens nicht und psychisierender Pseudo-Schamanismus führt uns auch nicht weiter.

Nur wenn wir die Welle reiten und das Fliessen nicht aufhalten, kommen wir irgendwohin.

Benutzen wir aber schamanische Praktiken, um Hilfs-Ichs zu erhalten (mein Krafttier, mein Geistführer, mein Schutzamulett), treten wir keinen Schritt aus unserem statischen Denken hinaus. Wir nehmen uns etwas (haben wollen), um uns besser zu fühlen und besser mit den Anforderungen des Lebens zurecht zu kommen, egal, wie es rundherum aussieht.

Im alten lebendigen Schamanentum ging es immer um den Erhalt der Gruppe. Das sollte auch heute das Thema sein; nur die Gruppe ist größer geworden. Sie umfasst unseren gesamten kleinen Planeten. Denn mit „Großmutter Erde" werden wir Menschen untergehen, nachdem wir sie ruiniert haben oder mit ihr überleben. Im alten Schamanentum ging es um das Überleben: wo ist das jagdbare Wild, wo finden die Herden gute Weidegründe, nahen sich Feinde? Jeder Kranke stellte eine

Beeinträchtigung für die ganze Gruppe dar, jeder Gestorbene war ein schwächender Verlust. Da half nur schamanisieren.

Wenn wir heute schamanisieren wollen, sollten wir es für das Überleben der Nachbarschaft, der Landschaft, aller Geschöpfe und der Schöpfung tun.

Deshalb möchte ich abschliessend einen Teil einer schamanische Zeremonie wiedergeben, die Knud Rasmussen bei den Eskimos in Grönland erlebte. Es galt einen lange andauernden Schneesturm zu beenden, der zum Verhungern der Inuit-Gruppe und der Forscher hätte führen können.

„Am dritten Abend des Sturmes wurden wir zu einer der Geisterbeschwörung in einem der Schneehäuser eingeladen. Der Schamane des Abends Horqarnaq, ein junger Mann mit klugen Augen und flinken Bewegungen.

(…)

Horqarnaqs Auge wird wild. Er reißt die Lider auf und scheint in ferne Weiten zu schauen. Ab und zu wirbelt er auf dem Absatz herum, seine Atemzüge werden unruhiger, und er erkennt seine Dorfgefährten nicht mehr. 'Wer seid ihr? 'Deine Nächsten', antwortet man ihm.

(…)

„Die Sitzung hat ungefähr ein Stunde gedauert und ist mit Brüllen und Beschwörung unbekannter Kräfte vergangen, als etwas geschieht, was uns, die niemals der Zähmung des Strumgottes beigewohnt haben, erschreckt. Horqarnaq springt vor, fasst den alten gutmütigen Kingiuna, der gerade dasteht und ein frommes Lied an die Mutter der Seetiere singt, mit einem raschen Griff an der Kehle und schleudert ihn brutal hin und her, hin und her. Am Anfang stossen beide klagende Kehllaute aus, aber nach und nach erstickt Kingiuna und kann keinen Laut mehr von sich geben. Aber da flüstert es plötzlich aus seinem Munde, und im selben Augenblick ist auch er Beute der Ekstase. Er leistet nicht mehr Wider-

stand, sondern folgt dem Beschwörer, der immer noch seine Kehle gefasst hält, und beide taumeln ohne Sinn und Verstand hin und her. Die Männer des Hauses müssen sich zunächst vor die grossen Specklampen stellen, damit sie nicht zerschmettert oder umgeworfen werden, die Frauen helfen den Kindern schleunigst auf die Bänke, damit diese im Tumult keinen Schaden nehmen. So geht es noch eine Weile weiter, bis Horqarnaq alles Leben aus seinem Gegner herausgedrückt hat, den er nun einem leblosen Bündel gleich hinter sich herschleppt. Dann erst löst er den Griff an der Kehle und Kingiuna fällt schwer zu Boden.

So wird der Sturm 'in effigie' getötet. Der Aufruhr der Luft verlangt Leben, und wiederum faßt der Beschwörer den leblosen Kingiuna, beisst ihm mit aller Kraft seiner Zähne in den Nacken und schüttelt ihn hin und her wie ein Hund, der seinen Widersacher besiegt hat.

Totenstille ist im Hause. Horqarnaq ist der einzige, der seinen wilden Tanz fortsetzt, bis auf unerklärliche Weise wiederum Ruhe in seine Augen kommt. Er legt sich vor dem Toten auf die Knie und beginnt dessen Körper zu kneten und zu streicheln, um ihn wieder zum Leben zu bringen. Langsam kehrt das Leben in Kingiuna zurück, der Schwankende wird auf die Beine gestellt, aber kaum ist er wieder ganz zu sich gekommen, als der Tanz von neuem beginnt.

Derselbe gewaltsame Griff an die Kehle, dasselbe zügellose Rasen im Raum, dasselbe Stöhnen nach Atem und Luft, bis der arme Mann wieder wie ein lebloses Bündel auf den Schneeboden des Hauses geschleudert wird. Auf diese Weise wird er dreimal umgebracht. Der Mensch muß seine Überlegenheit über den Sturm beweisen. Aber als Kingiuna zum dritten Male wieder lebendig wird, ist es an ihm, in Trance zu fallen.

Horqarnaq bricht auf dem Boden zusammen. Der alte Seher richtet sich in seiner komischen, ein wenig zu fetten Würde auf, und doch beherrscht er uns durch die Wildheit seines Auges und den unheimlichen rotblauen Glanz, der sich nach den vielen Mißhandlungen über sein Gesicht gelegt hat. Alle fühlen, daß dort ein Mann steht, den der Tod soeben *berührt hat, und man weicht unwillkürlich einen Schritt zurück, als er, den Fuß auf Horqarnaqs Brust gestellt, sich an die Zuhörer wendet und mit verblüffender Zungenfertigkeit seine Gesichte verkündet. Mit einer Stimme, die vor Bewegung zittert, ruft er durch die Schneehütte:*

„Der Himmelsraum ist mit nackten Wesen erfüllt, die durch die Luft daherfahren. Nackte Menschen nackte Männer, nackte Frauen, die dahinfahren und Sturm und Schneegestöber entfachen.

Hört ihr es sausen? Es braust wie der Flügelschlag großer Vögel oben in der Luft. Das ist die Angst nackter Menschen, das ist die Flucht nackter Menschen!

Die Geister der Luft blasen Sturm aus, die Geister der Luft treiben den fegenden Schnee über die Erde, und das bildlose Sturmkind Narsuk erschüttert die Lungen der Luft mit seinem Weinen.

Hört ihr das Weinen des Kindes im Wind? Und seht: zwischen den nackten Scharen der Flüchtlinge ist da einer, ein einzelner Mann, den der Wind durchlöchert hat. Und sein Körper ist wie ein Sieb, und durch die Löcher saust es: Tja - tju - u, tju - u – u! Hört ihr ihn? Es ist der gewaltigste von allen Windentfachern!

Aber mein Hilfsgeist wird ihn anhalten, wird sie alle festhalten. ich sehe ihn ruhig, siegessicher auf mich zukommen. Er wird siegen, er wird siegen- Tju - tju - u! Hört ihr den Wind? Pst, pst, pst! Seht ihr die Geister, das Wetter, das Unwetter, das mit dem Sausen großer Vogelflügel über uns dahinbraust.'

Bei diesen Worten richtet Horqarnaq sich vom Boden auf, und die beiden Beschwörer, deren Antlitz nach der gewaltigen Sturmpredigt einen verklärten Ausdruck bekommen hat, singen mit schlichten heiseren Stimmen zur Mutter der Seetiere:

Mutter, große Mutter in der Tiefe!
Nimm es, nimm es fort von, uns, das Böse.
Komm, komm, Geist der Tiefe!
Eines deiner Erdenkinder
ruft dich an.
Beiße den Feind zu Tode!
Komm, komm, Geist der Tiefe!

Sobald die beiden ihre Hymne zu Ende gesungen hatten, fielen alle anderen Stimmen wie ein rufender, klagender Chor bedrängter Herzen ein. Niemand wußte, wonach man rief, niemand betete um etwas, aber der alte Sang der Vorväter gab ihren Sinnen Gewalt. Sie hatten kein Essen Für ihre Kinder, wenn der nächste Tag kam. Sie baten um Wetterruhe für ihre Jagd, um Essen für ihre Kinder.

Und plötzlich ist es, als ob die ganze Natur um uns Lebendig würde. Wir sehen den Sturm in der Fahrt und im Getümmel nackter Geister über den Himmel dahinreiten, wir sehen die Scharen Flüchtender Toter durch die Wogen des Schneegestöbers daherfegen, und alle Gesichte und alle Laute sammeln sich in dem Flügelschlag des großen Vogels, den Kingluna uns hatte vernehmen lassen.

Hiermit schloss der Kampf der beiden Beschwörer mit dem Sturm. Ein jeder von ihnen konnte sich getröstet und beruhigt zu seiner heimischen Schneehütte hinkämpfen und sich dem Schlaf anbefehlen, denn morgen würde schönes Wetter sein.

Und wirklich, in blendender Sonne über festgewehte Schneeflächen fahren wir den nächsten Tag weiter..." [171]

---

[171] Rasmussen, Knud 1926, S. 440-450 in *Kunstforum* Bd.25, 1/78, S. 67-69

Bibliographie

ABRAMOVIC, Marina: *Durch Mauern gehen*, München 2016: Luchterhand

ALEXANDER, Eben Dr. med.: *Blick in die Ewigkeit,* München 2014: Ansata

ALVARO Estrada in LIGGENSTORFER, Roger und RÄTSCH, Christian 1996: Nachtschatten Verlag www.nachtschattenverlag.ch/products/product

ANSCHÜTZ, Richard: *August Kekulé,* Berlin 1929: Verlag Chemie

BALMER, Heinrich H.: *Die Archetypenlehre von C.G. Jung, eine Kritik,* Berlin und Heidelberg 1972: Springer Verlag

BLACK ELK, Wallace/ LYON, William S.: Black Elk, San Francisco 1990: HarperCollins

BLAKESLEE, Thomas R.: *Das rechte Gehirn*, Freiburg im Breisgau 1988: Aurum

BOEKHOVEN, Jeroen W.: *Genealogies of Shamanism*, Groningen 2011: Barkhuis

BRÖCKERS, Mathias/ POPP, Fritz A. in BRÖCKERS, Matthias: *Die Botschaft der Nahrung. Unsere Lebensmittel in neuer Sicht,* Frankfurt 2005: Zweitausendeins Versand-Dienst

CAMENZIND, Elisabeth: *Aniela Jaffé über C.G.Jung – Archetypen und Herrschaft,* 2013: in www.traum-symbolika.com

CAMPBELL, Joseph: *Mythologie der Urvölker,* Basel 1991: Sphinx

CASTANEDA, Carlos: *Die Lehren des Don Juan. Ein Yaqui-Weg des Wissens,* Frankfurt a.M. 1973: Fischer Taschenbuch

CASTANEDA, Carlos: *Eine andere Wirklichkeit. Neue Gespräche mit Don Juan,* Frankfurt a.M. 1975: Fischer Taschenbuch

CASTANEDA, Carlos: *Reise nach Ixtlan*, Frankfurt a.M. 1976: Fischer Taschenbuch

CHARON, Jean E.: *Der Geist der Materie,* Berlin 1996: Ullstein

CLOTTES, Jean / LEWIS-WILLIAMS, David: *Schamanen. Trance und Magie in der Höhlenkunst der Steinzeit.* Aus dem Französischen übersetzt von Peter Nittmann, © für die deutsche Übersetzung: Jan Thorbecke Verlag. Verlagsgruppe Patmos in der Schwabenverlag AG. Ostfildern 1997. www.verlagsgruppe-patmos.de

DEVEREUX, Paul: *Die Landschaft der Schamanen,* Bielefeld 2010: Lüchow / J. Kamphausen

DISPENZA, Joe: *Du bist das Placebo*, Burgrain 2014: Koha-Verlag

DÜRR, Hans-Peter (Hrsg.): *Physik und Transzendenz,* Bern, München, Wien 1986: Scherz Verlag

DÜRR, Hans-Peter: *Geist, Kosmos und Physik,* Kevelaer 2010: Crotona

EGGELING von, Friedrich K.: *Horscha – jagdliche Heimkehr,* Wien 2013: Österreichischer Jagd- und Fischerei-Verlag in Wild und Hund 19/2013

ELIADE, Mircea: *Schamanismus und archaische Ekstasetechnik,* Frankfurt 1980: Suhrkamp

FALARZIK, Dagmar: *Unnipi – Wir leben,* Bremen 1984: Übersee Museum

FERACA, Stephen E.: *Wakinyan, Lakota Religion in the Twentieth Century,* Lincoln, London, 1998: Bison Book in University of Nebraska Press

FINDEISEN, Hans/GEHRTS, Heino: *Die Schamanen,* Köln 1983: Eugen Diederichs Verlag

FRANZ von, Marie-Louise in Carl Gustav JUNG (Hrsg.): *Der Mensch und seine Symbole,* Olten und Freiburg 1968: Walter-Verlag

FREUD, Sigmund: *Die Traumdeutung,* Frankfurt a. M. 1982: S. Fischer

FROBÖSE, Rolf: *Die geheime Physik des Zufalls,* Norderstedt 2008: Edition BOD

GEBSER, Jean: *Ursprung und Gegenwart,* München 1996: DTV

GOETHE, Johann Wolfgang von: *Zur Morphologie* (zweiter Band) Stuttgart und Tübingen 1823

HALIFAX, Joan: *Die andere Wirklichkeit der Schamanen.* © Otto Wilhelm Barth im Scherz Verlag, Bern und München 1981. Alle Rechte vorbehalten S. Fischer Verlag GmbH, Frankfurt am Main.

HARNER, Michael: *Der Weg des Schamanen,* Hamburg 1986: Rowohlt Taschenbuch

HILTMANN, Jochen/ HYUN SOOK Song: *Mein Herz ist eine Flasche.* Film 1994

HOPPÁL, Mihály: *Das Buch der Schamanen.* Europa und Asien, München 2002: Ullstein

JOCHELSON, Waldemar: *Yakut Shaman in Ceremonial Dress,* 1902: in National Museum of American History ID 1832

JUNG, Carl Gustav (Hrsg.): *Der Mensch und seine Symbole,* Olten 1968: Walter-Verlag

JUNG, Carl Gustav: Dynamik des Unbewussten, in *Gesammelte Werke,* Band 8, 1995: Patmos

JUNG, Carl Gustav: *Erinnerungen, Träume, Gedanken,* Düsseldorf und Zürich 1971: Walter-Verlag

JUNG, Carl Gustav: *Psychologie und Alchemie,* Olten, Freiburg 1979: Walter-Verlag

KEENEY, Bradford: *Shaking Trance,* Rochester 2007: Destiny Books

Krieg der Sterne, USA 1977: Regie: George LUCAS

KRUSE, Eckhard: *Der Geist in der Materie,* Amerang 2013: Crotona

LABORDE-NOTTALE, Elisabeth: *Das zweite Gesicht,* Stuttgart 1995: Klett-Cotta

LASZLO, Ervin: *Zuhause im Universum,* Berlin 2005: Allegria / Ullstein Taschenbuch

LEWIS, Thomas H.: *The Medicine Men,* Lincoln 1992: University of Nebraska Press

LIBET, Benjamin: Haben wir einen freien Willen? In GEYER, Christian (Hrsg.): *Hirnforschung und Willensfreiheit* 2004: Suhrkamp

LOMMEL, Andreas: *Schamanen und Medizinmänner,* München 1965: Verlag Callwey

LUDWIGER von, Illobrand: *Der Stand der UFO-Forschung,* Frankfurt a.M. 1994: Zweitausendeins

MAILS, Thomas E.: *Fools Crow,* New York 1979: Avon Books / The Hearst Cooperation

MAILS, Thomas E.: *Das geheime Wissen des Schamanen Fools Crow,* Frankfurt a.M. 1999: Wolfgang Krüger Verlag

MCTAGGERT, Lynne: *Das Nullpunkt-Feld,* München 2007: Arkane / Goldmann

MERZ, Blanche: *Orte der Kraft,* Aarau 1999: AT-Verlag

MOODY, Raimond: *Leben nach dem Tod,* Reinbek 1988: Rowohlt

National Museum of American History

NAUWALD, Nana /Felicitas GOODMAN: *Ekstatische Trance,* Havelte 2004: Binkey Kok Publications

POGAČNIK, Marko: *Die Landschaft der Göttin,* München 1997: Eugen Diesderichs Verlag

POWERS, William K.: *Vision and Experience in Oglala Ritual,* Lincoln 1982: University of Nebraska Press

RASMUSSEN, Knud: *Thulefahrt. 2 Jahre im Schlitten durch unerforschtes Eskimoland,* Frankfurt a. M. 1926: in Kunstforum Bd. 25, 1/78

RIPINSKY-NAXON, Michael: *The Natur of Shamanism,* New York 1993: State University of New York Press

ROSA, Hartmut: *Resonanz,* Berlin 2016: Suhrkamp

SACKS, Oliver: *Drachen, Doppelgänger und Dämonen,* Hamburg 2016: Rowohlt Taschenbuch

SCHENK, Amélie/TSCHINAG, Galsan: *Im Land der zornigen Winde,* Zürich 2001: Unionsverlag

SCHENK, Amélie: *Herr des schwarzen Himmels,* Bern, München, Wien 2000: O.W. Barth / Scherz Verlag

SERKIN, Vladimir: *Die Dankbarkeit des Wolfes,* München 2009: Goldmann

SHARON, Douglas: *Magier der vier Winde,* 1980: Hermann Bauer Verlag

SHELDRAKE, Rupert: *Das schöpferische Universum. Die Theorie des morphogenetischen Feldes,* Frankfurt a.m. Und Berlin 1983 : Ullstein

SCHWARZER HIRSCH/BROWN, Joseph Epes: *Die heilige Pfeife,* Göttingen 2008: Camur Verlag

SCHWARZER HIRSCH/NEIGHARDT, John: *Ich rufe mein Volk,* Göttingen 2008: Camur Verlag

Siberian Times, www.siberiantimes.com

STAUDENMAIER, Ludwig: *Die Magie als experimentelle Naturwissenschaft,* Darmstadt 1968: Wissenschaftliche Buchgesellschaft

TEDLOCK, Barbara: *Die Kunst der Schamanin,* Wuppertal 2007: Edition *Trickster* in Peter Hammer Verlag

TOLKIEN, John R.: *Der kleine Hobbit,* Stuttgart 2012: DTV

VITEBSKY Piers: *Schamanismus,* Köln 2007: Evergreen

WAGNER, Johanna: *Das Geheimnis des Medizinmannes,* Hamburg 1996: Rowohlt Taschenbuch

WARNKE, Ulrich: *Quantenphilosophie und Spiritualität,* Berlin, München 2011: Scorpio Verlag

WHITE HAT, Albert Sr. / CUNNINGHAM, John: *Zuya,* Salt Lake City 2012: University of Utah Press

WITT, Detlef: *Die Evolution der menschlichen Gottesbeziehung,* Eintürnen 1999: Christliches Zen-Zentrum

de.wikipedia.org

www.geistboot.de

www.sagkb.ch

www.schamanismus-akademie.com

www.sphinx-suche.de

www.nachtschattenverlag.ch

www.schamanin-andrea-klaff.com

Zeitfracht Medien GmbH
Ferdinand-Jühlke-Straße 7
99095 Erfurt, Deutschland
produktsicherheit@kolibri360.de